MON CHAT EST UN #GEEK COMME LES AUTRES

JUNGLE!

À tous les amoureux des chats...
et aux autres aussi,
oui, donc à tout le monde, en fait...

ISBN : 978-2-8222-1096-6

Jungle est une filiale de Steinkis groupe.

Première édition – Avril 2015

Charte graphique et maquette de la couverture © Romain Dothal
Photo de couverture : Foufoune par Milène Dumesnil
Charte graphique et maquette de l'intérieur : Florian Porceillon

Achevé d'imprimer en Espagne en mars 2015 par Edelvives

lebonchat.fr

maître cool | île-de-france | gratuit

CHERCHER

ANNONCES

Mémé Fangio

Possède déjà 18 chats. Très gentille. Désire par-dessus tout faire des câlins, des bisous, des gratouilles, des papouilles et serrer bien fort dans mes bras ces petites boules de poils.

Monsieur Lee

Adore les animaux. Cherche chat (bien gras si possible) pour compagnie et plus si affinités. Accepte familles entières. Urgent faire offre avant midi.

Florian

Ayant un stock de croquettes à ne plus savoir qu'en faire et n'ayant pas de chat, cherche compagnon à quatre pattes pour rigoler, jouer et partager ma vie.
Fournis téléphone, ordinateur et accès Internet illimité.

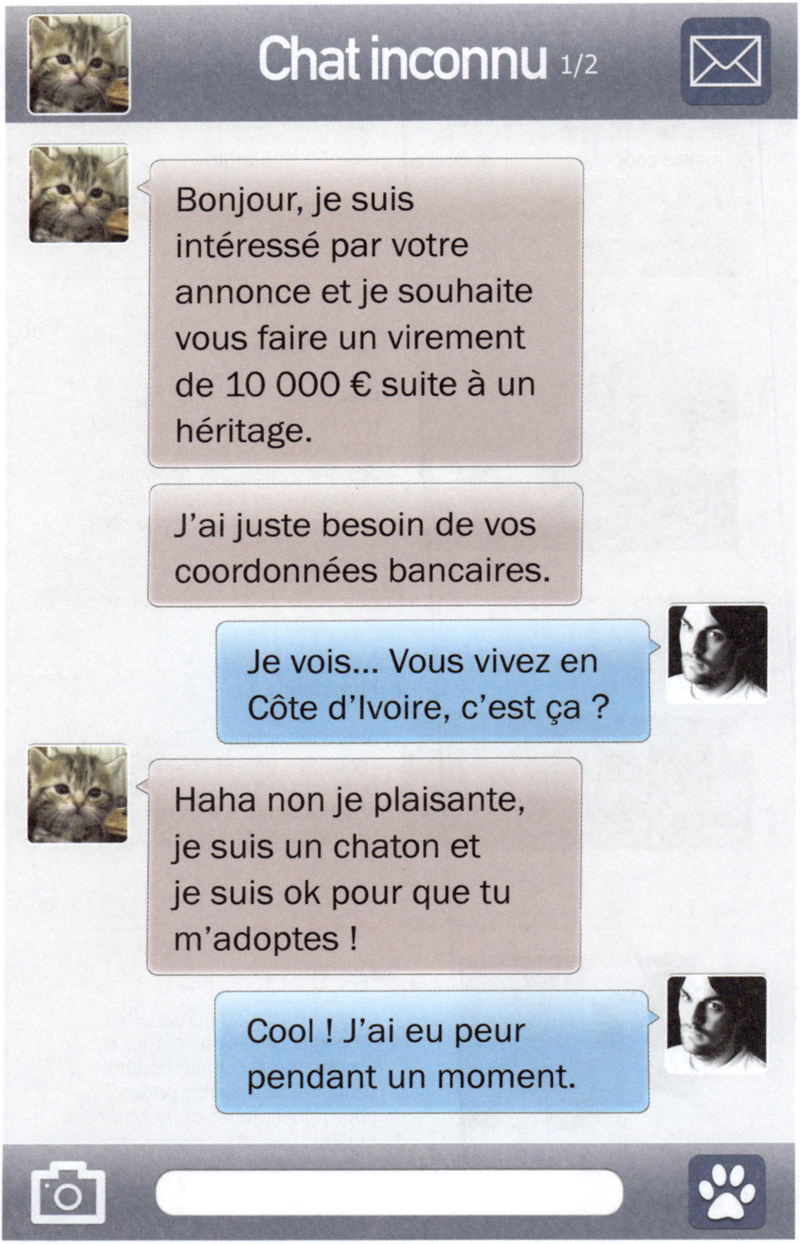
Chat inconnu 1/2
Bonjour, je suis intéressé par votre annonce et je souhaite vous faire un virement de 10 000 € suite à un héritage.
J'ai juste besoin de vos coordonnées bancaires.
Je vois... Vous vivez en Côte d'Ivoire, c'est ça ?
Haha non je plaisante, je suis un chaton et je suis ok pour que tu m'adoptes !
Cool ! J'ai eu peur pendant un moment.

Chat inconnu 2/2
T’inquiète ;)
Et donc, je peux venir te chercher quand ?
Quand tu veux, mais je dois t’avouer un truc.
Quoi donc ?
J’ai très faim.

Chercher d'autres chats, des croquettes ou des petites boules en alu...

Giggles
3 min

Hey les copains ! Ça y est, j'ai enfin trouvé un maître ! Enfin... un type qui m'héberge quoi...

Rrrrrr ▪ Miauler ▪ Partager

Garance, Jack, Hoffmann et 2 autres ronronnent

Garance Bon courage ! Tu vas voir, il va essayer de te caresser et te prendre dans ses bras tout le temps !

Jack En plus les humains sont sales, ils ne se lèchent jamais !

Hoffmann Kan t'auras faim, il sera en train 2 dormir, tu verras.

Speculoos Il va aussi essayer de te dresser pour faire des trucs ridicules, on n'est pas des chiens quoi !

Acheter d'autres chats, des croquettes ou chercher sous le frigo...

Florian
3 min

Hey les amis ! Ça y est, j'ai enfin trouvé un chat !

Aimer • Commenter • Partager

Caroline, Herman et 3 autres aiment

Caroline Bon courage ! Tu vas voir, il va jamais vouloir que tu le caresses !

Jacques En plus, on dit que les chats sont propres mais va falloir que tu changes sa litière tous les jours !

Herman Tu verras, il va te réveiller en pleine nuit pour manger.

Louis Tu peux essayer de le dresser pour qu'il donne la patte comme un chien, c'est marrant :)

Giggles

Elle est où ma maman ?

Euh... Elle est dans une autre maison...

Je suis triste :(

Je te signale qu'un jour, ta mère a dévoré un de tes frères parce qu'elle avait faim !

Oui, mais si elle vivait ici, elle n'aurait plus faim.

Non, elle te volerait toutes tes croquettes.

Oublie, je veux plus jamais la voir celle-là !

Giggles

Giggles

36 miaous

Giggles J'ai 6 mois. Quand on voit qu'un enfant de cet âge ne fait que baver partout et se faire dessus toute la journée, je me demande quelle est la race la plus évoluée des deux...

Giggles

C'est quoi cet engin de mort qui fait un boucan de fou et qui me vole toutes mes petites boules d'alu avec son gros tuyau ?

Tu veux sûrement parler de l'aspirateur ?

J'ai tellement peur de ce truc que j'ose ni le toucher, ni l'approcher !

Je te rassure, moi c'est exactement pareil !

Giggles
Tu peux m'acheter du lait quand tu rentres ?
Tu digères pas le lait, comme tous les chats...
Et alors ?
Et alors ça te fait vomir !
Cool ! Ça me fera un repas en plus !

Giggles
C'est pas un peu une légende la super habileté des chats ?
Non pourquoi ?
Parce qu'à chaque fois que tu grimpes sur mon bureau, tu fais tout tomber !
Ah non mais c'est autre chose ça !
Et c'est quoi ?
Ça, c'est juste pour t'emmerder.

Chercher d'autres chats, des croquettes ou des petites boules en alu...

Giggles
10 min

C'est quand même fou qu'on laisse les humains choisir nos noms ! Moi j'aime pas du tout le mien.

Rrrrrr · Miauler · Partager

Hoffmann, Jack et 1 autre ronronnent

Garance Moi, j'aurais choisi Belinda de Saint-Whiskas-sur-Lait.

Jack Et moi, Kratatoflex.

Hoffmann Moi, Tremblement de Terre !

Speculoos J'aurais choisi : Alain Delon.

Florian Voilà exactement pourquoi on ne vous laisse pas choisir vos noms.

Giggles
Je t'aime tellement mon petit Giggles ! Je me rappelle de ta petite bouille quand t'étais tout petit... T'étais trop mignon !
T'es bourré ?
Oui.
Donne-moi à manger !

Giggles

Tu trouves pas qu'on devrait changer la moquette du salon ?

Non pourquoi ?

La couleur est moche et en plus la matière est pas terrible.

Me dis pas que tu viens de t'essuyer les fesses avec ?

Mais non !

Si...

Giggles
Je pense que je vais arrêter de dépenser de l'argent pour toi !
Comment ça ?
Je t'achète un laser et toi tu t'amuses avec mes chaussettes !
Et ?
Et le panier super cher que je t'ai offert ?!
Eh bah je dors dedans !
Non ! Tu dors dans le carton dans lequel il a été livré !!!

Giggles

Je suis sur le toit.
On est d'accord que les chats ont 9 vies, hein ?

Tu te rappelles de Minou qui est tombé du 5e étage ?

Non.

Bah voilà.
T'as ta réponse.

Giggles
J'ai ma copine qui vient pour la première fois ici ce soir, donc tâche d'être discret.
Pourquoi ? Elle a peur des chats ou quoi ?
Non pas du tout. Mais bon, si elle voit un chat avec un téléphone...

Chercher d'autres chats, des croquettes ou des petites boules en alu...

Giggles
27 min

Il me la faut !!! Elle est quasiment flambant neuve, une vraie affaire !

Rrrrrr · Miauler · Partager

Hoffmann et 6 autres ronronnent

Jack Rutilante !

Garance Elle doit être confortable !!!

Giggles Quand j'ai vu l'annonce, j'ai craqué !

Florian Elle doit effectivement être bien mieux que la boîte que je viens de t'acheter pour la modique somme de 250 €, avec porte automatique, climatisation et humidificateur d'air intégrés !!!

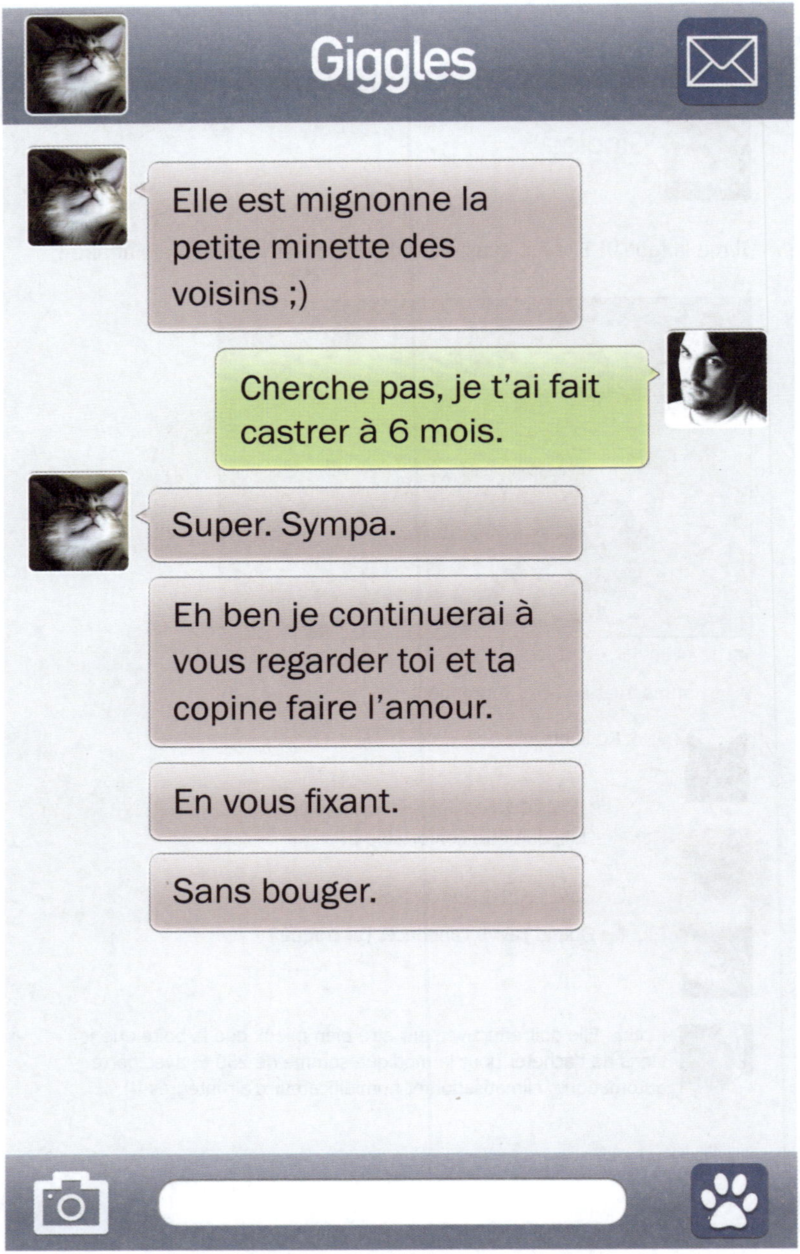
Giggles
Elle est mignonne la petite minette des voisins ;)
Cherche pas, je t'ai fait castrer à 6 mois.
Super. Sympa.
Eh ben je continuerai à vous regarder toi et ta copine faire l'amour.
En vous fixant.
Sans bouger.

Giggles

Voilà ce que je récupère en seulement 2 heures de ménage. J'en peux plus de tes poils !!!!

Hahaha la honte !

Quoi ?

C'est toi qui fais le ménage !

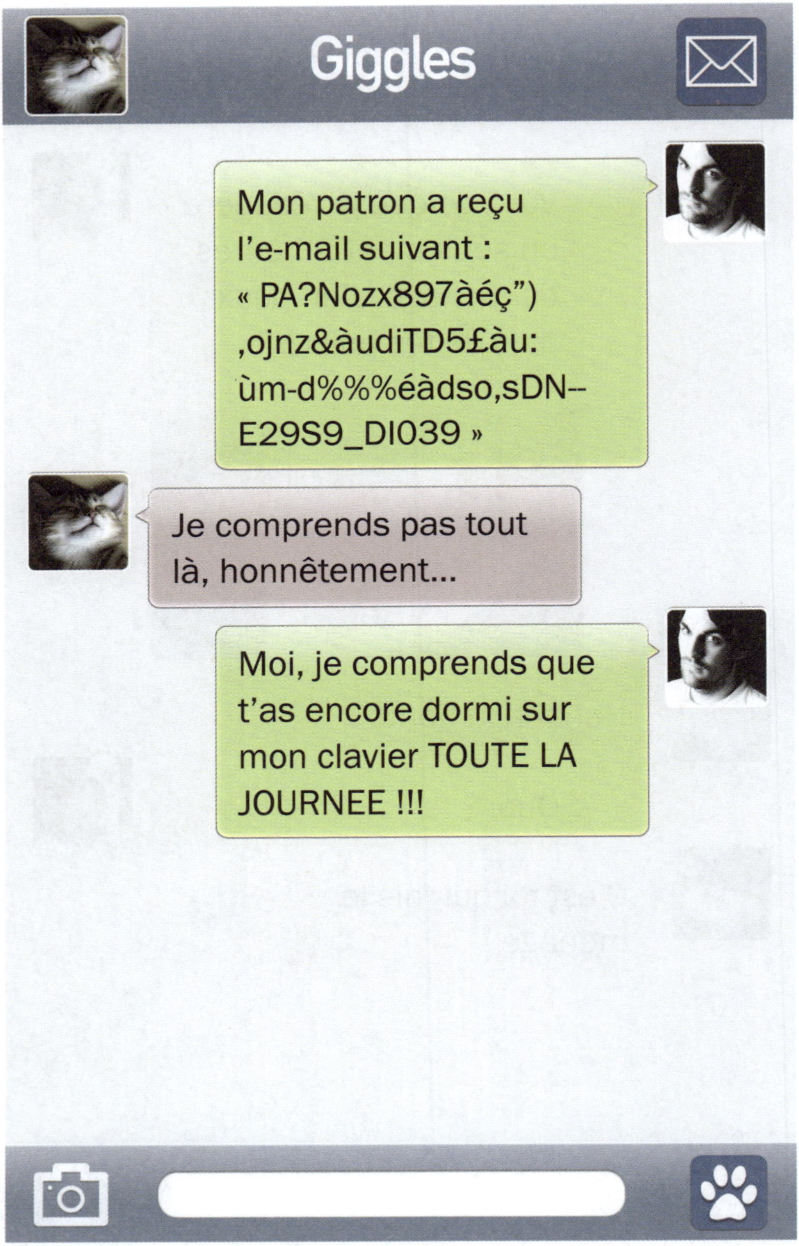
Giggles
Mon patron a reçu l’e-mail suivant : « PA?Nozx897àéç”) ,ojnz&àudiTD5£àu: ùm-d%%%éàdso,sDN--E29S9_DI039 »
Je comprends pas tout là, honnêtement…
Moi, je comprends que t’as encore dormi sur mon clavier TOUTE LA JOURNEE !!!

Giggles

comment **faire l'amour quand on est castré**

comment **fabriquer des croquettes**

comment **ouvrir le couvercle de la poubelle**

comment **détruire l'aspirateur**

Giggles

Ça te plairait que je te saute dessus, que je mette des coups de poing dans ta gamelle ou que je l'attire contre moi sans arrêt pendant que tu manges tes croquettes ?

Bah non quelle horreur !

Alors laisse-moi tranquille quand je mange mes céréales !!!

Giggles

Mon pote vient d'avoir un chat. Trop chou !

Tu l'as touché ?

Oui, il a dormi dans mes bras. Trop mignon !

C'est pas la peine d'essayer de me caresser quand tu rentres. Et tu peux dormir sur le canapé du salon !

Giggles
J'espère que tu vas mourir !
Sympa, merci...
J'espère que tu vas MIEUX ! Désolé, correction automatique.
Ouf ! J'ai eu peur...
Et sinon, j'ai vomi sur ton lit toute la journée.
Ah ah ! T'as DORMI sur mon lit toute la journée ! Correction auto ?
Euh non... c'était bien ça !

Giggles

Si tu veux gagner de l'argent, je te conseille de faire des vidéos de moi et de les poster sur Youtube. C'est comme ça que ça marche maintenant.

Tu rigoles ? Tu bouges tellement pas que même si je te filmais toute une journée, on croirait que c'est une photo !

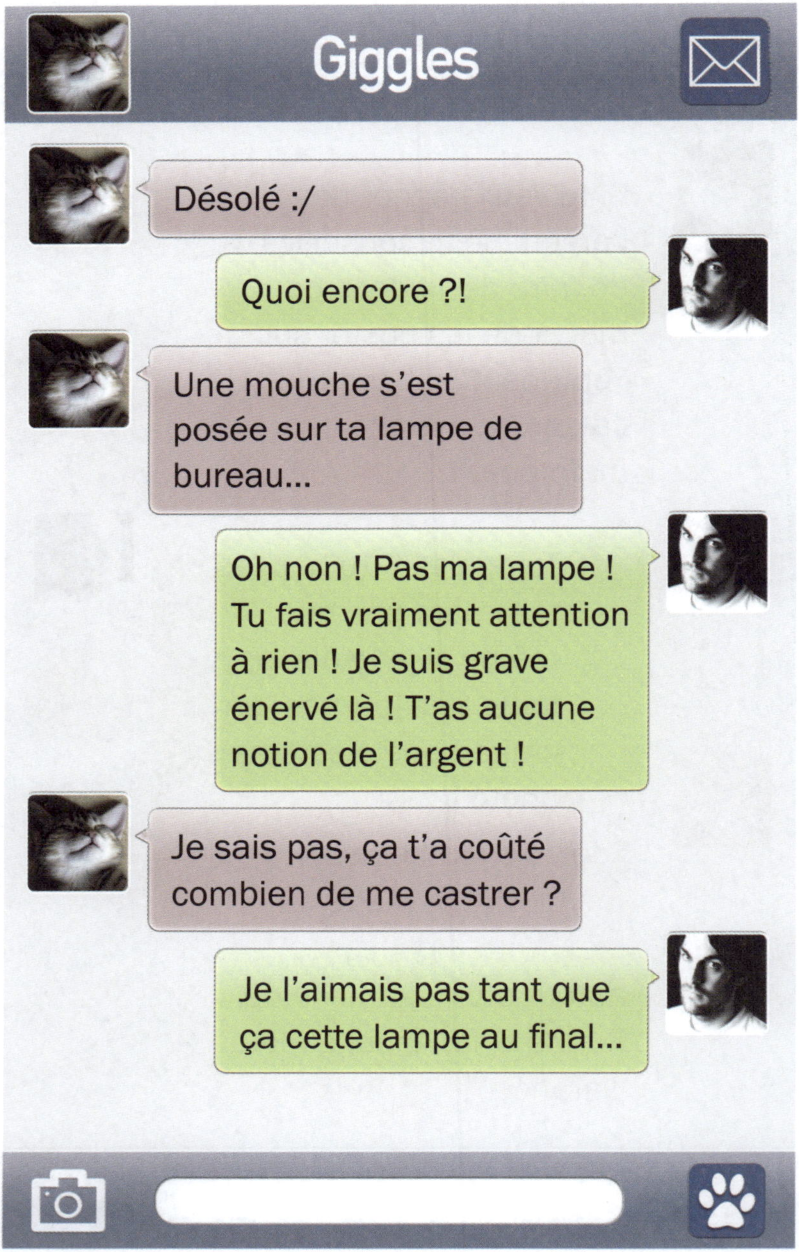
Giggles
Désolé :/
Quoi encore ?!
Une mouche s'est posée sur ta lampe de bureau...
Oh non ! Pas ma lampe ! Tu fais vraiment attention à rien ! Je suis grave énervé là ! T'as aucune notion de l'argent !
Je sais pas, ça t'a coûté combien de me castrer ?
Je l'aimais pas tant que ça cette lampe au final...

Giggles

Je crois que je commence à être célèbre ! Regarde ce que j'ai reçu :)

Génial :)

Et le texte qui va avec : « Je suis tombée sur ton blog et je me ferais bien frotter les fesses autour d'une gamelle de Purina One. Appelle-moi, Garance. »

Giggles
T'es où ?
Laisse-moi tranquille, je suis au restaurant.
Tu manges sans moi ?
Lâche-moi, je veux manger en paix.
Alors envoie-moi tous les petits morceaux de bouffe qui tombent de la table par texto !

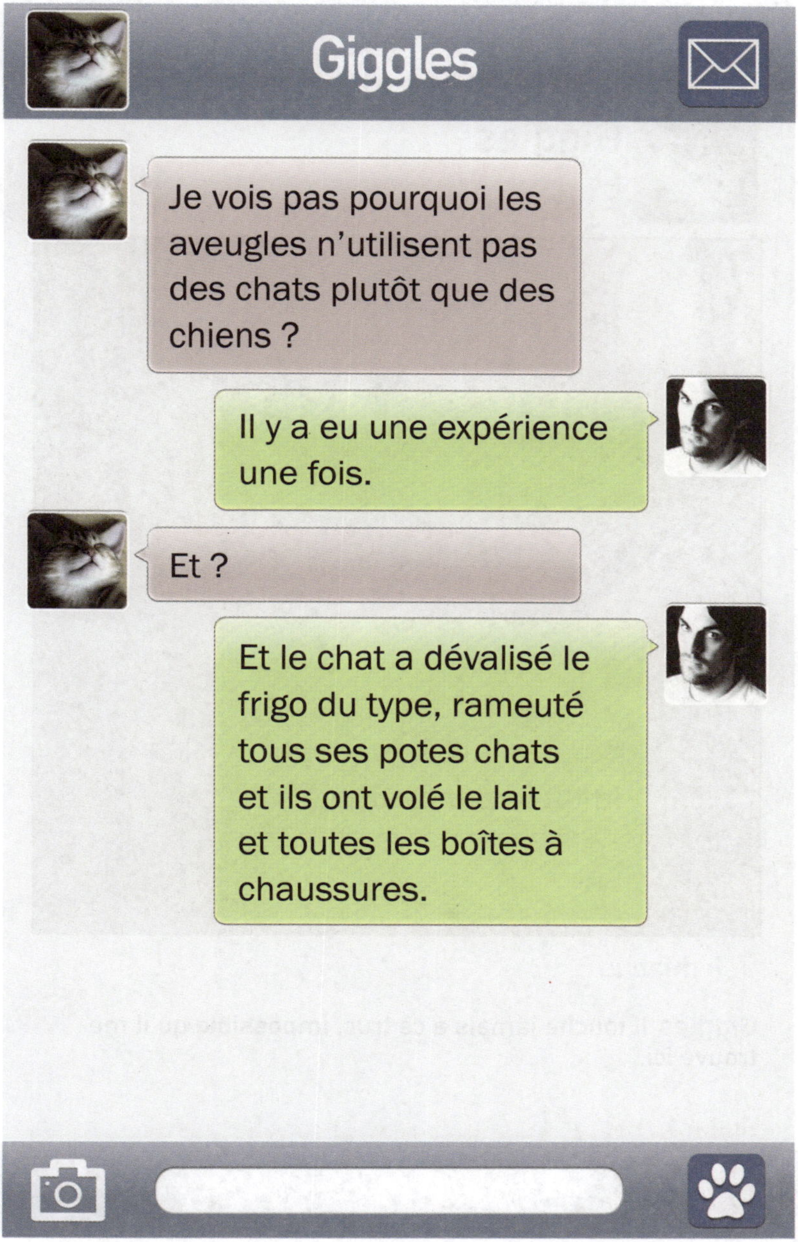
Giggles
Je vois pas pourquoi les aveugles n'utilisent pas des chats plutôt que des chiens ?
Il y a eu une expérience une fois.
Et ?
Et le chat a dévalisé le frigo du type, rameuté tous ses potes chats et ils ont volé le lait et toutes les boîtes à chaussures.

Giggles

Giggles

8 miaous

Giggles Il touche jamais à ce truc, impossible qu'il me trouve ici.

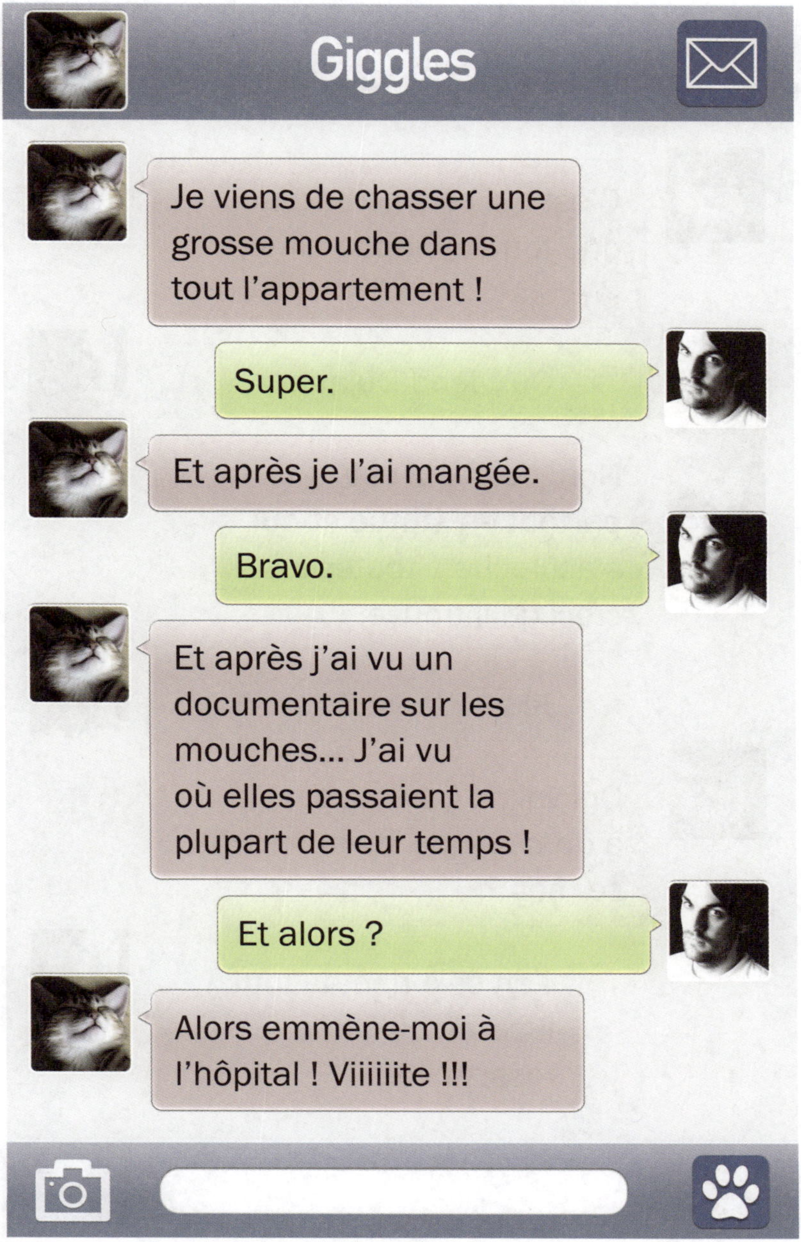
Giggles
Je viens de chasser une grosse mouche dans tout l'appartement !
Super.
Et après je l'ai mangée.
Bravo.
Et après j'ai vu un documentaire sur les mouches... J'ai vu où elles passaient la plupart de leur temps !
Et alors ?
Alors emmène-moi à l'hôpital ! Viiiiiite !!!

Giggles 1/2
C'est qui ce type barbu que tout le monde aime, là ?
Qui, Jean Dujardin ?
Non, celui qui est partout en statue et qui s'accroche à toutes les croix qu'il trouve.
Jésus-Christ ?
Oui voilà ! Qu'est-ce qu'il a de plus que les autres ce mec ?
J'en sais rien du tout. Il paraît qu'il a ressuscité.

Giggles 2/2

C'est nul ça ! Nous les chats, on a 9 vies, et c'est pas pour autant qu'on a 3 milliards de personnes qui nous baisent les pieds !

Oui, mais c'est grâce à lui qu'on a des cadeaux à Noël.

Ah ouais,
pas bête le type.

Chercher d'autres chats, des croquettes ou des petites boules en alu...

Giggles
8 min

Qui peut mettre la main sur un truc pareil ???

Rrrrrr ▪ Miauler ▪ Partager

Garance, Jack, Hoffmann ronronnent

Hoffmann C koi ?

Giggles Un distributeur de croquettes !

Garance Wow ! Avec ça, plus besoin des hommes ! Fini les caresses et faire semblant de ronronner !

Florian C'est un DISTRIBUTEUR automatique, pas un REMPLISSEUR automatique ! Je dis ça, je dis rien...

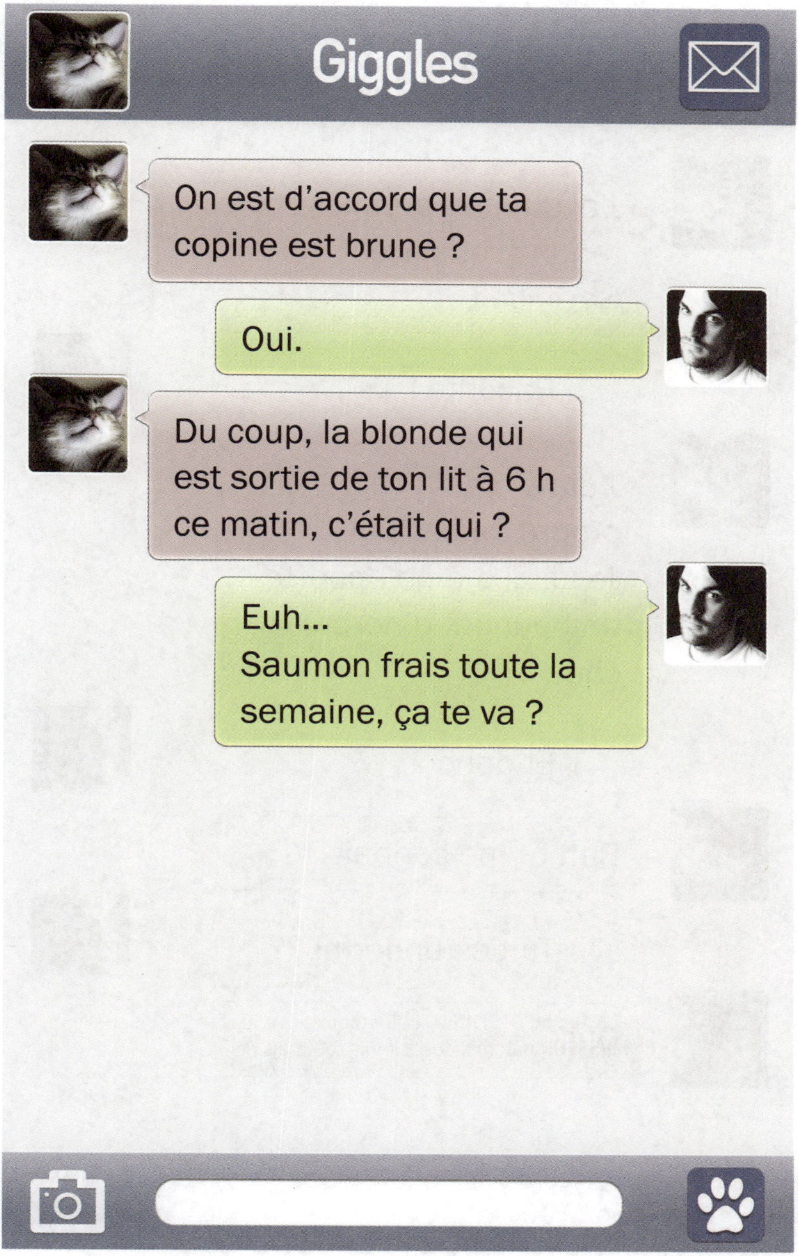
Giggles
On est d'accord que ta copine est brune ?
Oui.
Du coup, la blonde qui est sortie de ton lit à 6 h ce matin, c'était qui ?
Euh...
Saumon frais toute la semaine, ça te va ?

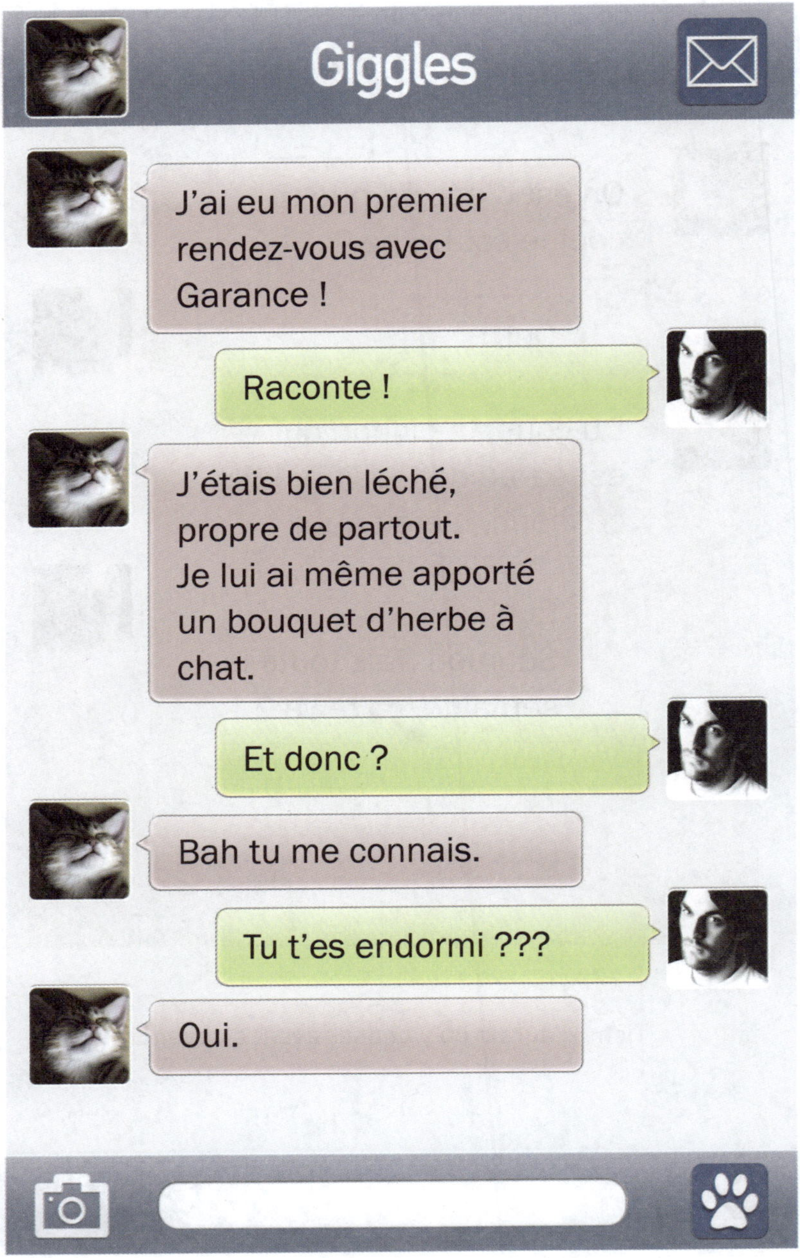
Giggles
J'ai eu mon premier rendez-vous avec Garance !
Raconte !
J'étais bien léché, propre de partout. Je lui ai même apporté un bouquet d'herbe à chat.
Et donc ?
Bah tu me connais.
Tu t'es endormi ???
Oui.

Giggles

Giggles

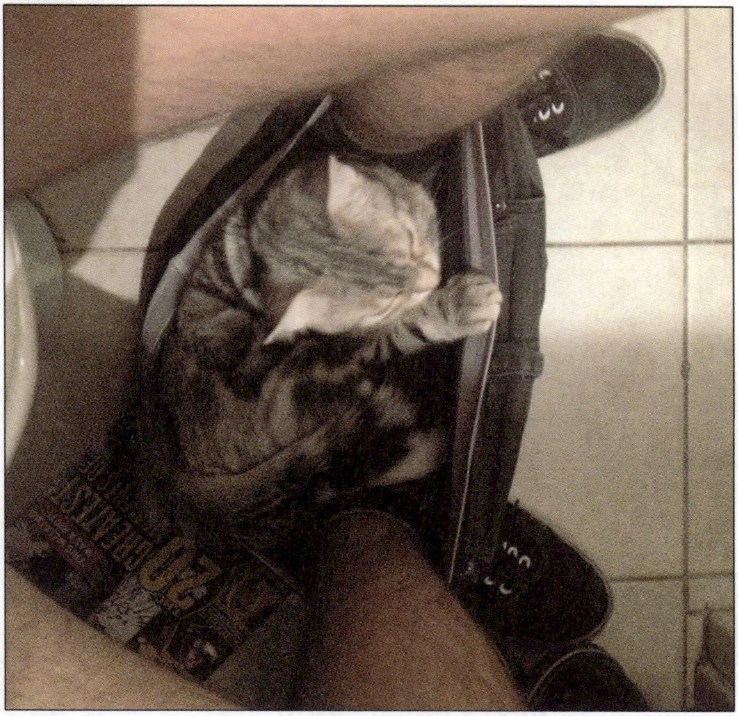

23 miaous

Giggles Tiens, j'aurais dû y penser avant à cet endroit !

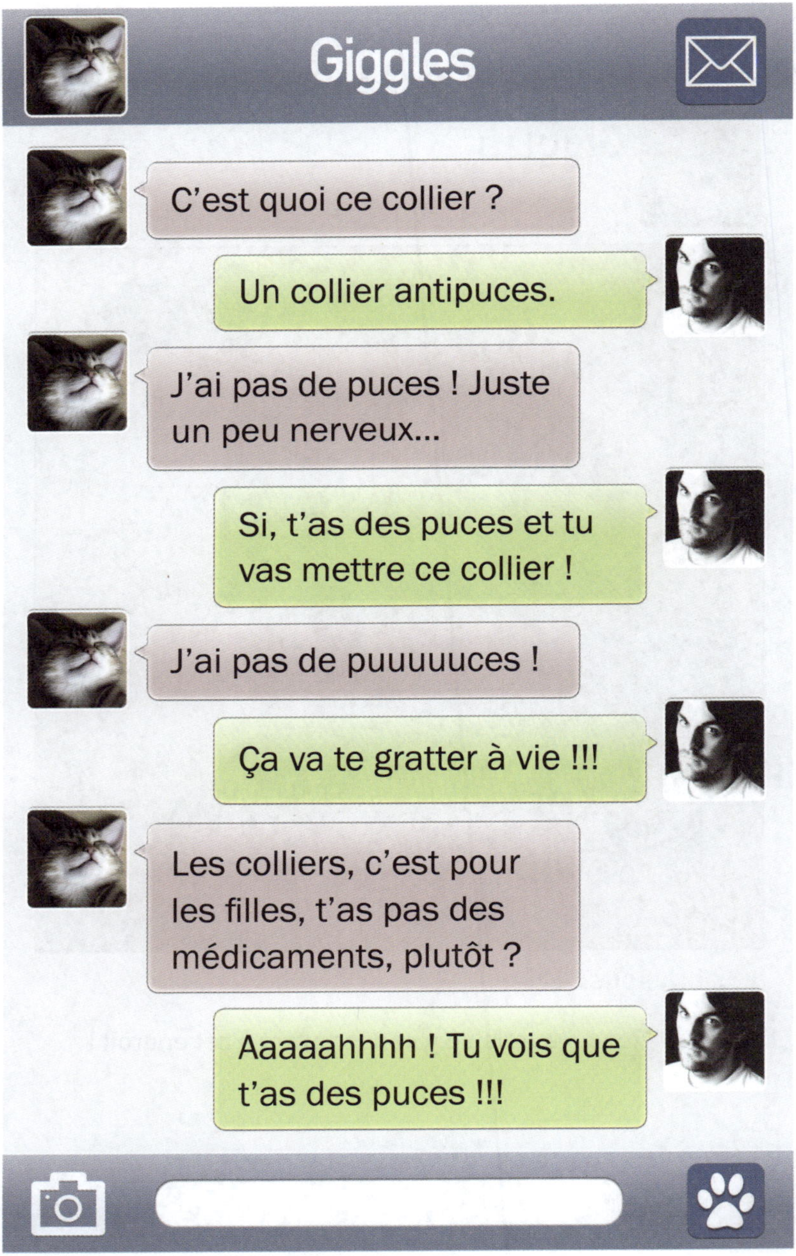
Giggles
C'est quoi ce collier ?
Un collier antipuces.
J'ai pas de puces ! Juste un peu nerveux...
Si, t'as des puces et tu vas mettre ce collier !
J'ai pas de puuuuuces !
Ça va te gratter à vie !!!
Les colliers, c'est pour les filles, t'as pas des médicaments, plutôt ?
Aaaaahhhh ! Tu vois que t'as des puces !!!

Chercher d'autres chats, des croquettes ou des petites boules en alu...

Giggles
11 min

Non mais il est sérieux lui ??? Zéro poil ??? On est bien d'accord qu'on peut pas appeler ça un chat ?!

Rrrrrr • Miauler • Partager

Jack, Garance, Hoffmann et 2 autres ronronnent

Florian Ça m'arrangerait bien pour le ménage ça, tiens !

Giggles
Ma litière était trop crado donc j'ai fait pipi dans la salle de bains.
Ah ! Tu vois, c'est pas si compliqué ! Merci.
Sur le tapis de bains.

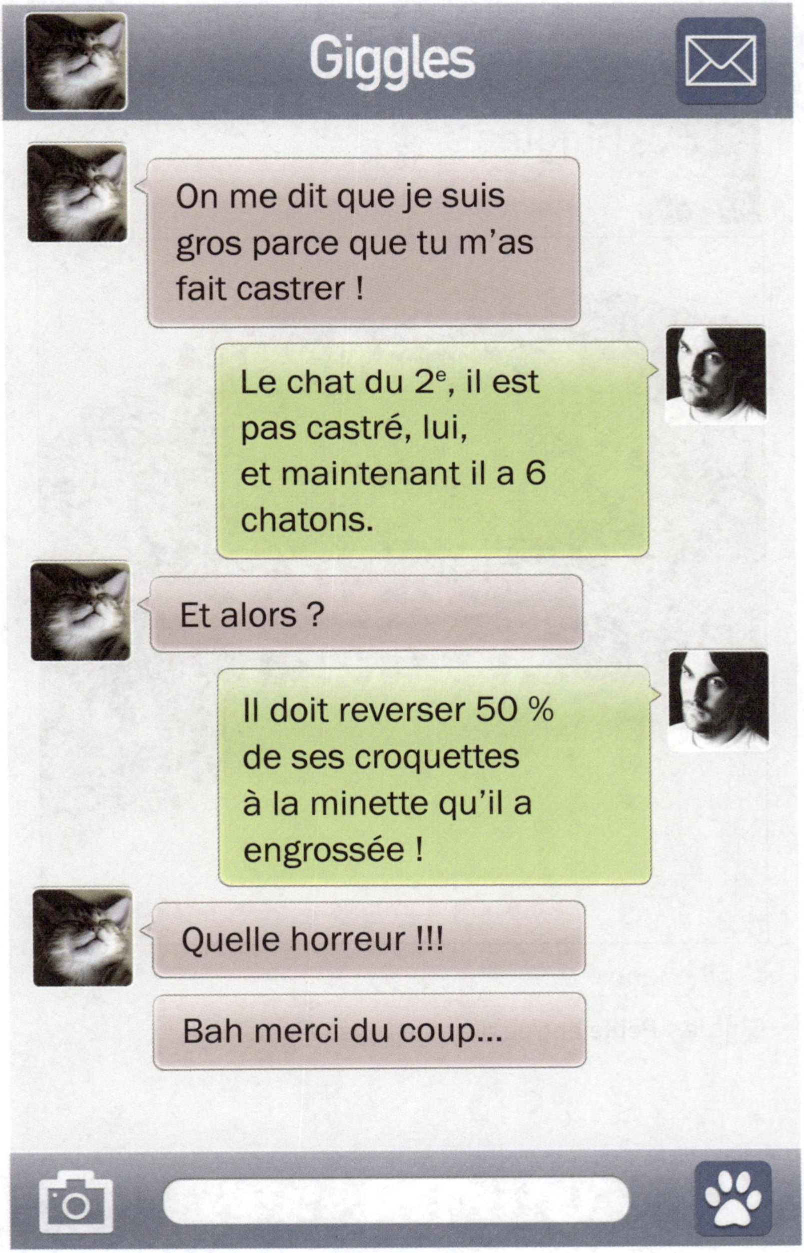
Giggles
On me dit que je suis gros parce que tu m'as fait castrer !
Le chat du 2e, il est pas castré, lui, et maintenant il a 6 chatons.
Et alors ?
Il doit reverser 50 % de ses croquettes à la minette qu'il a engrossée !
Quelle horreur !!!
Bah merci du coup...

Giggles

Giggles

10 miaous

Giggles Petite entrée avant le repas #instafood

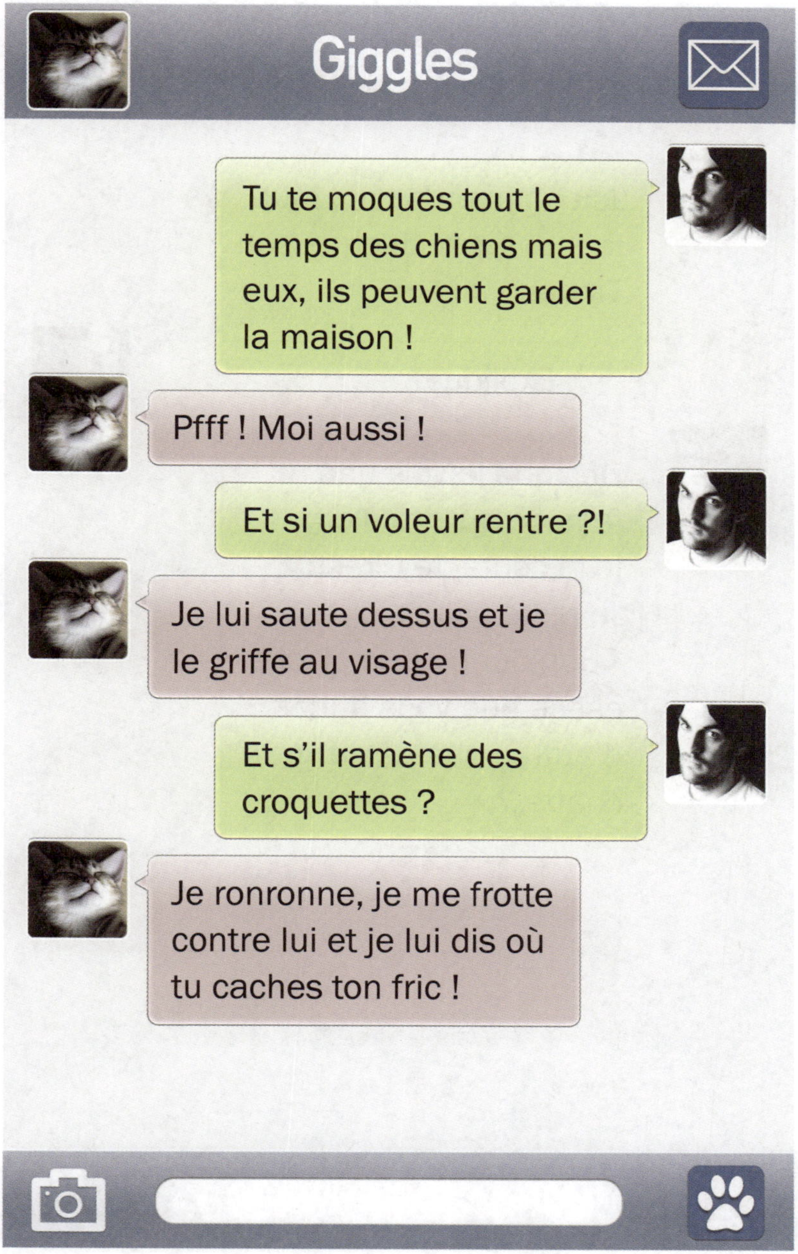
Giggles
Tu te moques tout le temps des chiens mais eux, ils peuvent garder la maison !
Pfff ! Moi aussi !
Et si un voleur rentre ?!
Je lui saute dessus et je le griffe au visage !
Et s'il ramène des croquettes ?
Je ronronne, je me frotte contre lui et je lui dis où tu caches ton fric !

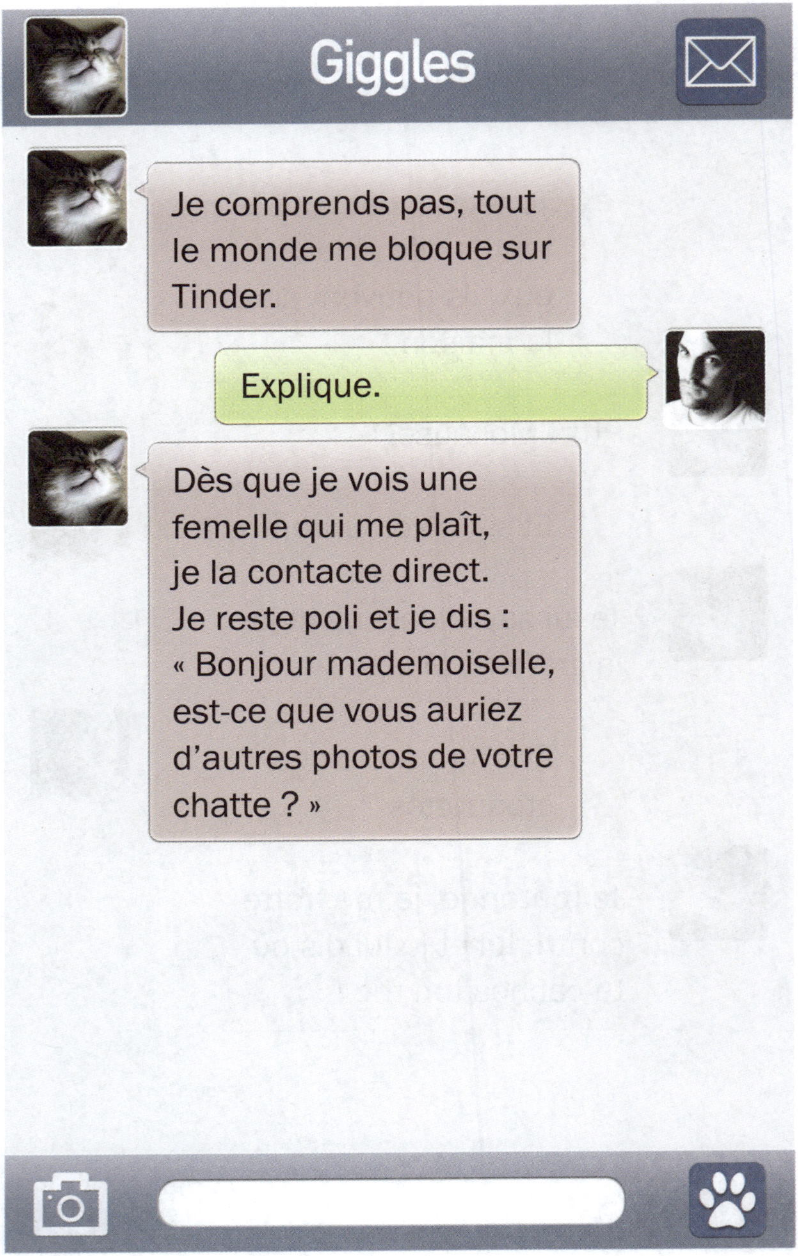
Giggles
Je comprends pas, tout le monde me bloque sur Tinder.
Explique.
Dès que je vois une femelle qui me plaît, je la contacte direct. Je reste poli et je dis : « Bonjour mademoiselle, est-ce que vous auriez d'autres photos de votre chatte ? »

Giggles
Je peux me faire les ongles sur le canapé ?
Non, surtout pas !
Ok, d'accord.
Tu l'as fait quand même ?
Oui.

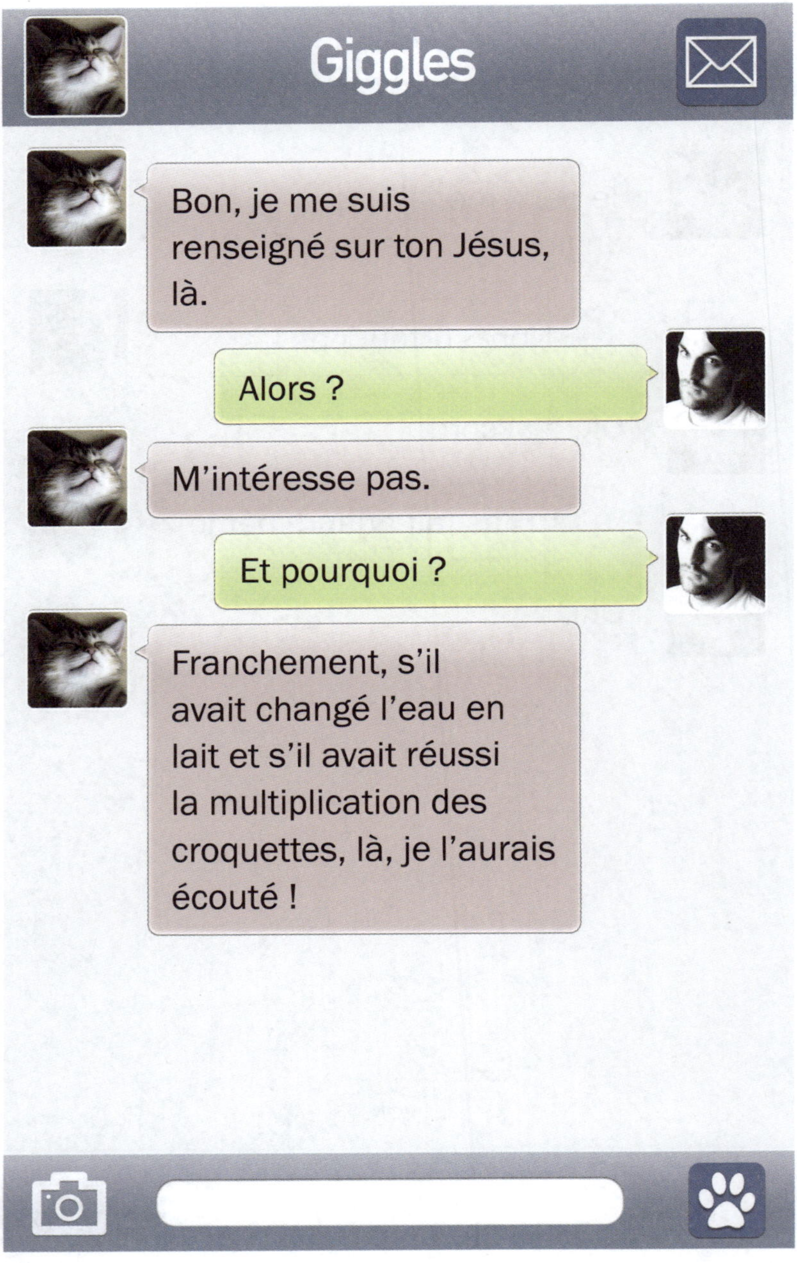
Giggles
Bon, je me suis renseigné sur ton Jésus, là.
Alors ?
M'intéresse pas.
Et pourquoi ?
Franchement, s'il avait changé l'eau en lait et s'il avait réussi la multiplication des croquettes, là, je l'aurais écouté !

Chercher d'autres chats, des croquettes ou des petites boules en alu...

Giggles
27 min

Vous avez déjà pris ça les copains ? C'est de la boulette d'alu !

Rrrrrr • Miauler • Partager

Hoffmann, Speculoos ronronnent

Jack Mec, c'est un truc de fou ce machin !

Garance J'aime pas trop que tu prennes ça...

Giggles Une fois j'en ai pris, une porte s'est ouverte et un flot de lumière a inondé la pièce ! C'était magique !

Florian Ouais d'ailleurs, c'est là que je t'ai retrouvé à moitié mort dans le bac à légumes du frigo !

Giggles
Yo ! Ça va Hoffmann ?
Wé sa va bi1 é twa ?
Qu’est-ce que tu racontes ? T’es bourré ou quoi ?
C twa le bouré lol.
Non mais tu sais pas écrire mon pauvre !
Normal, chui 1 cha !

Giggles
T'es où ?
Au boulot.
Il faut que tu rentres, c'est urgent !
Qu'est-ce que t'as fait encore ?
Je viens de voir un documentaire animalier. C'était sur les puces...
Donc ?
IL ME FAUT CE COLLIER. ET VIIIIIIIITE !!!

Giggles

Tout le monde te trouve mignon mais gros, donc demain, t'es au régime !

C'est marrant parce les chats de l'immeuble et moi, on pense exactement la même chose de ta copine.

C'est-à-dire ?

Mignonne mais grosse.

Donc je ferai un régime quand elle en fera un aussi.

Bon bah mange ce que tu veux alors...

Chercher d'autres chats, des croquettes ou des petites boules en alu...

Giggles
11 min

Ma fenêtre est ouverte ! Qui est chaud pour une teuf sur le toit ?
Je ramène du lait.

Rrrrrr • Miauler • Partager

Hoffmann et 5 autres ronronnent

Garance Je ramène des croquettes !

Jack Y aura de l'herbe à chat ?

Florian Je te préviens, si tu fais ça, je renverse toute ta litière dans ton panier !

Giggles M'en fous ! N'importe quel carton fera l'affaire.

Giggles

Giggles

12 miaous

Giggles Je pense que cette chaise a vraiment besoin d'être réparée !

Giggles
Il paraît que tu vas sortir un livre sur moi ?
Oui. D'ailleurs l'échéance approche !
C'est un gros livre ?
144 pages, y a pas mal de boulot.
Et tu penses que tu vas réussir à tout finir à temps ?
Pas si tu continues à DORMIR SUR MON CLAVIER TOUTE LA JOURNÉE !!!

Giggles 1/2

Vous avez des convictions politiques, vous les chats ? Vous avez des revendications ?

Oui, on veut plus à bouffer !

Ça n'a rien à voir avec la politique, ça !

On veut dormir plus longtemps !

Ça non plus !

Tu sais, vos gouvernements changent et se succèdent, et pourtant...

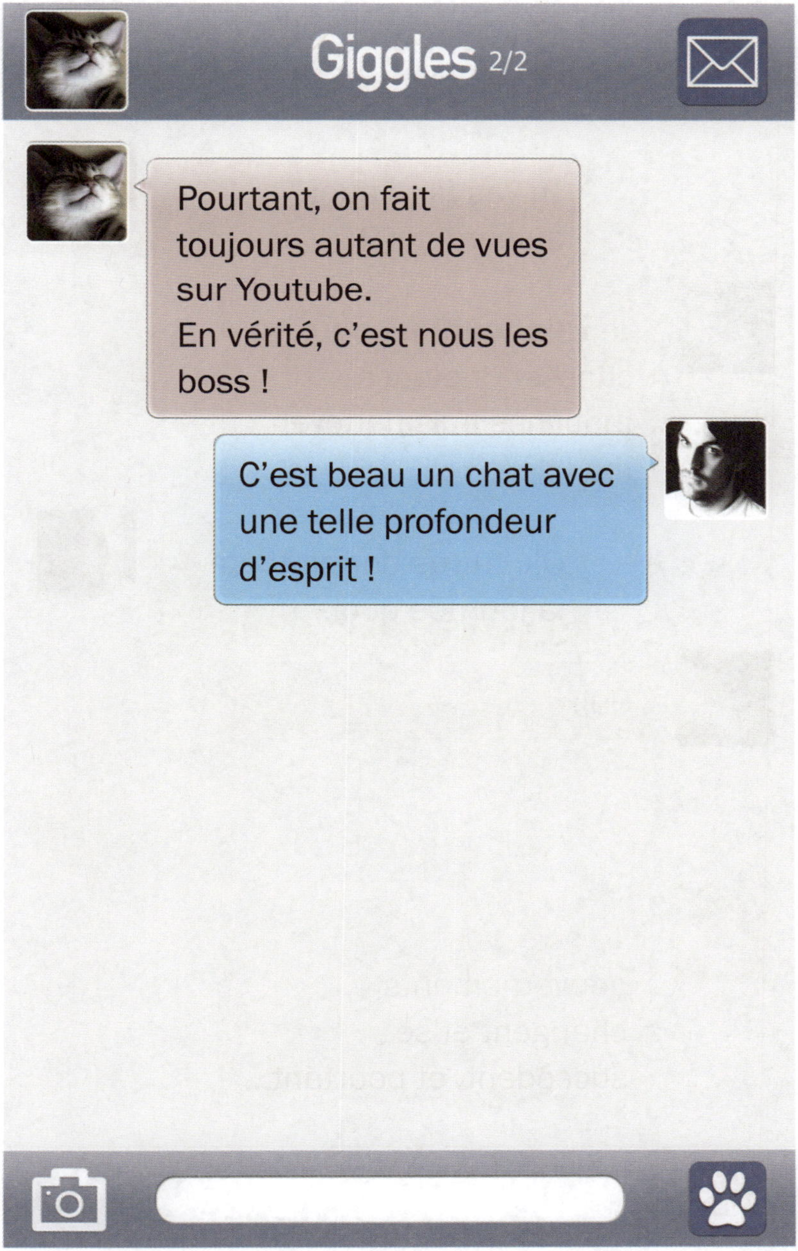
Giggles 2/2
Pourtant, on fait toujours autant de vues sur Youtube.
En vérité, c'est nous les boss !
C'est beau un chat avec une telle profondeur d'esprit !

Giggles
Tu vas faire quoi aujourd'hui ?
Je vais courir un peu, chasser quelques mouches puis nettoyer ma litière.
Ok, tu vas dormir toute la journée quoi...
Oui.

Chercher d'autres chats, des croquettes ou des petites boules en alu...

Giggles
11 min

Mon « maître » sort un bouquin où il publie nos échanges SMS.
Pfff moi aussi je peux faire pareil !

Rrrrrr • Miauler • Partager

Hoffmann, Speculoos, Garance ronronnent

Florian Aucun intérêt, aucun ressort comique, aucune chute ! C'est NUL !

Giggles Je te signale que c'est exactement ce que tu fais !

Florian Laisse tomber...

Giggles Toi, laisse tomber !

Giggles

pourquoi **on aime le lait alors que ça fait vomir ?**

pourquoi **on nous parle comme à des débiles ?**

pourquoi **on n'a pas le droit de monter sur la table ?**

pourquoi **personne ne s'amuse avec moi la nuit ?**

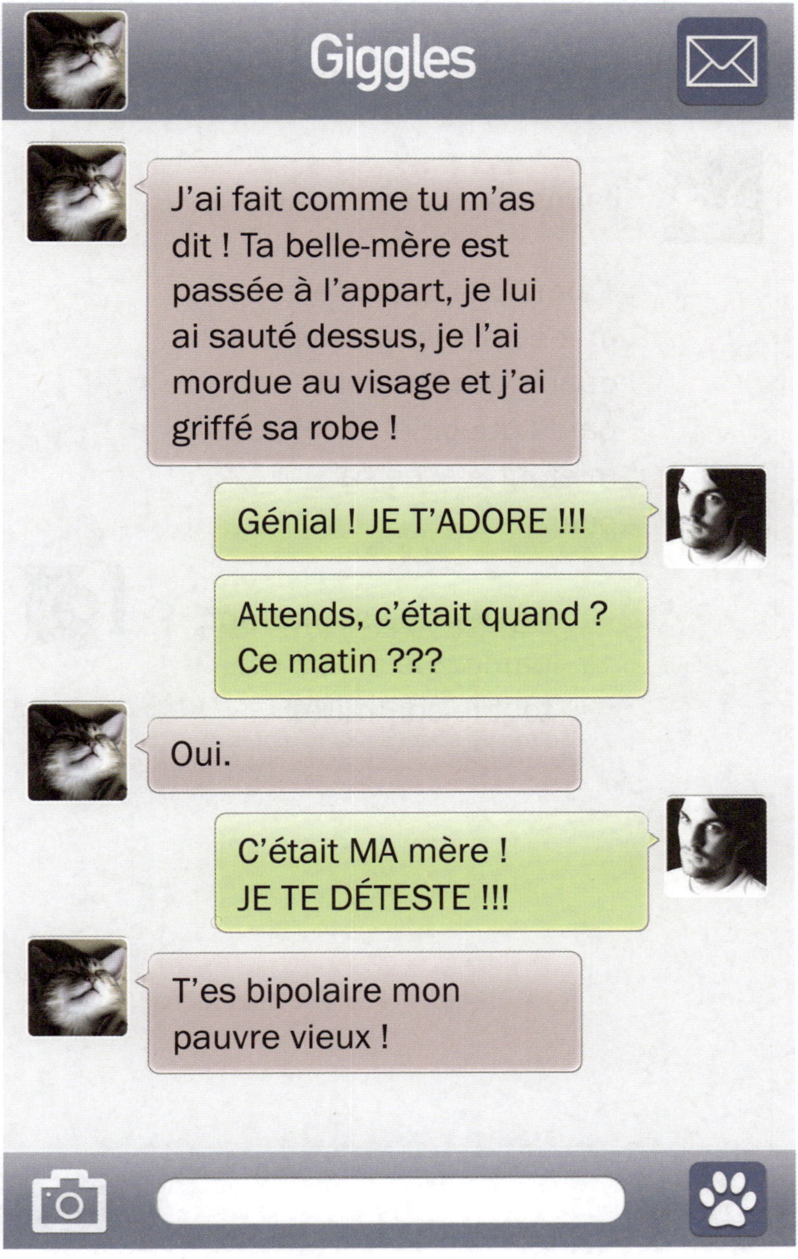
Giggles
J'ai fait comme tu m'as dit ! Ta belle-mère est passée à l'appart, je lui ai sauté dessus, je l'ai mordue au visage et j'ai griffé sa robe !
Génial ! JE T'ADORE !!!
Attends, c'était quand ? Ce matin ???
Oui.
C'était MA mère ! JE TE DÉTESTE !!!
T'es bipolaire mon pauvre vieux !

Giggles

J'aime pas la vétérinaire !

J'aime pas quand elle met sa blouse blanche, quand elle me tient par la queue et qu'elle m'étouffe avec sa poitrine !

Ah tiens c'est marrant, parce que moi, c'est tout le contraire !

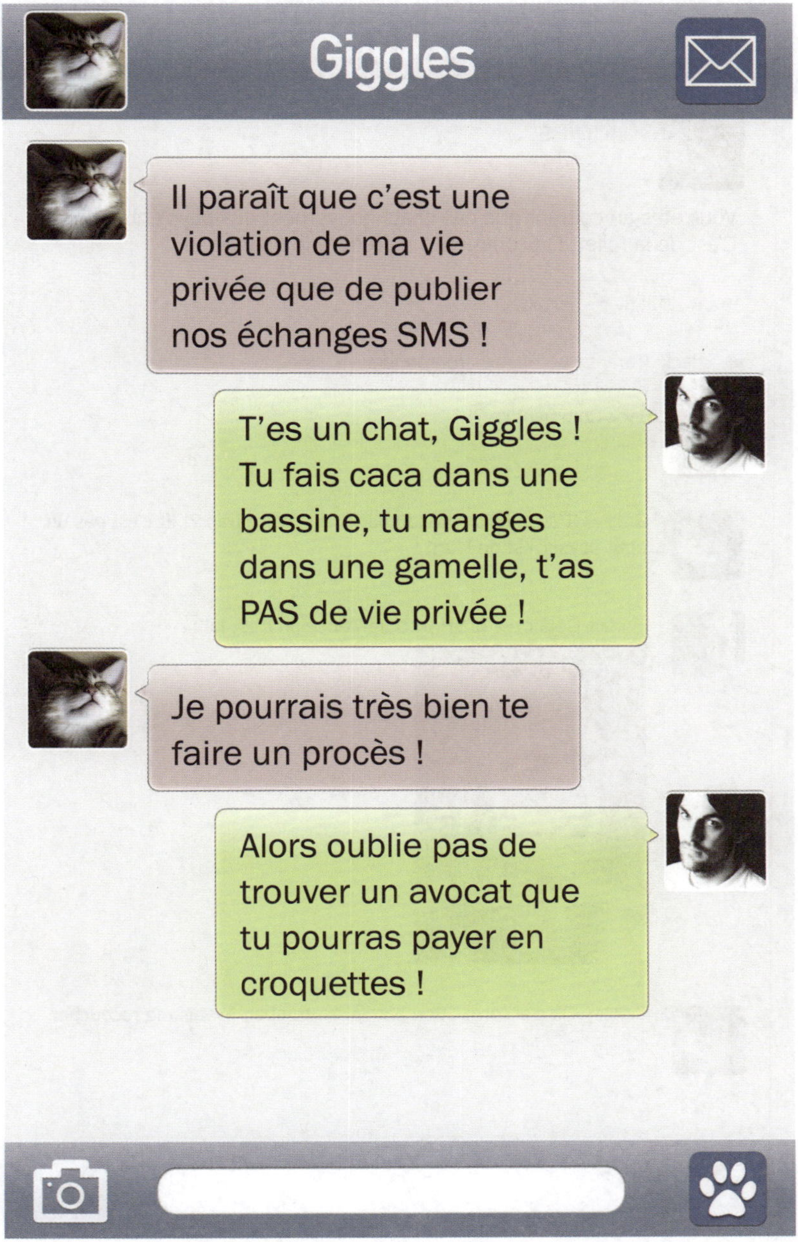
Giggles
Il paraît que c'est une violation de ma vie privée que de publier nos échanges SMS !
T'es un chat, Giggles ! Tu fais caca dans une bassine, tu manges dans une gamelle, t'as PAS de vie privée !
Je pourrais très bien te faire un procès !
Alors oublie pas de trouver un avocat que tu pourras payer en croquettes !

Chercher d'autres chats, des croquettes ou des petites boules en alu...

Giggles
3 min

Vous êtes au courant que des chats gouvernent des pays entiers ? C'est de la folie ! On commence à prendre le pouvoir !!!

Rrrrrr ▪ Miauler ▪ Partager

Jack, Garance et 2 autres ronronnent

Jack Comment ça ?!

Giggles T'as jamais entendu parler du chat d'Iran ?! Et c'est pas un petit pays, c'est du lourd !

Florian Déjà c'est le SHAH d'Iran et sinon c'est lui :

Giggles Ok d'accord... Bon bah laisse tomber, je vais me recoucher.

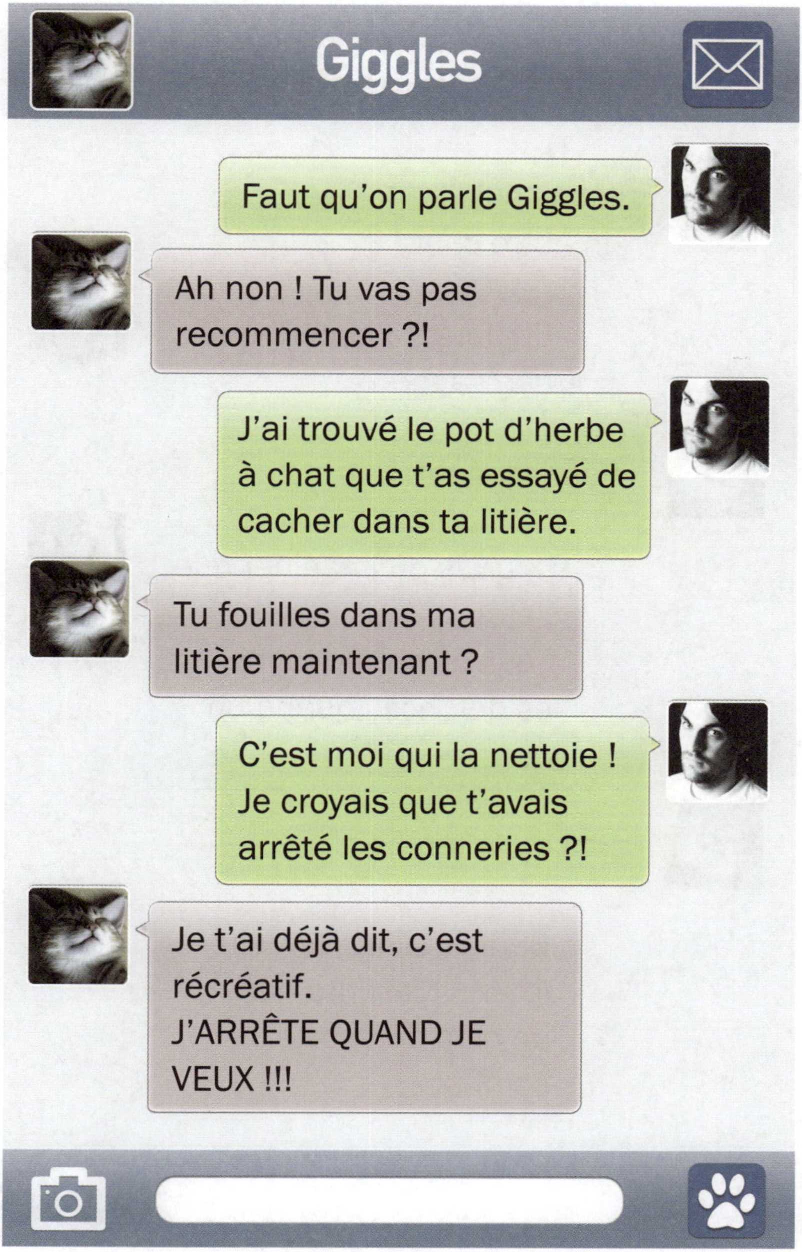
Giggles
Faut qu'on parle Giggles.
Ah non ! Tu vas pas recommencer ?!
J'ai trouvé le pot d'herbe à chat que t'as essayé de cacher dans ta litière.
Tu fouilles dans ma litière maintenant ?
C'est moi qui la nettoie ! Je croyais que t'avais arrêté les conneries ?!
Je t'ai déjà dit, c'est récréatif.
J'ARRÊTE QUAND JE VEUX !!!

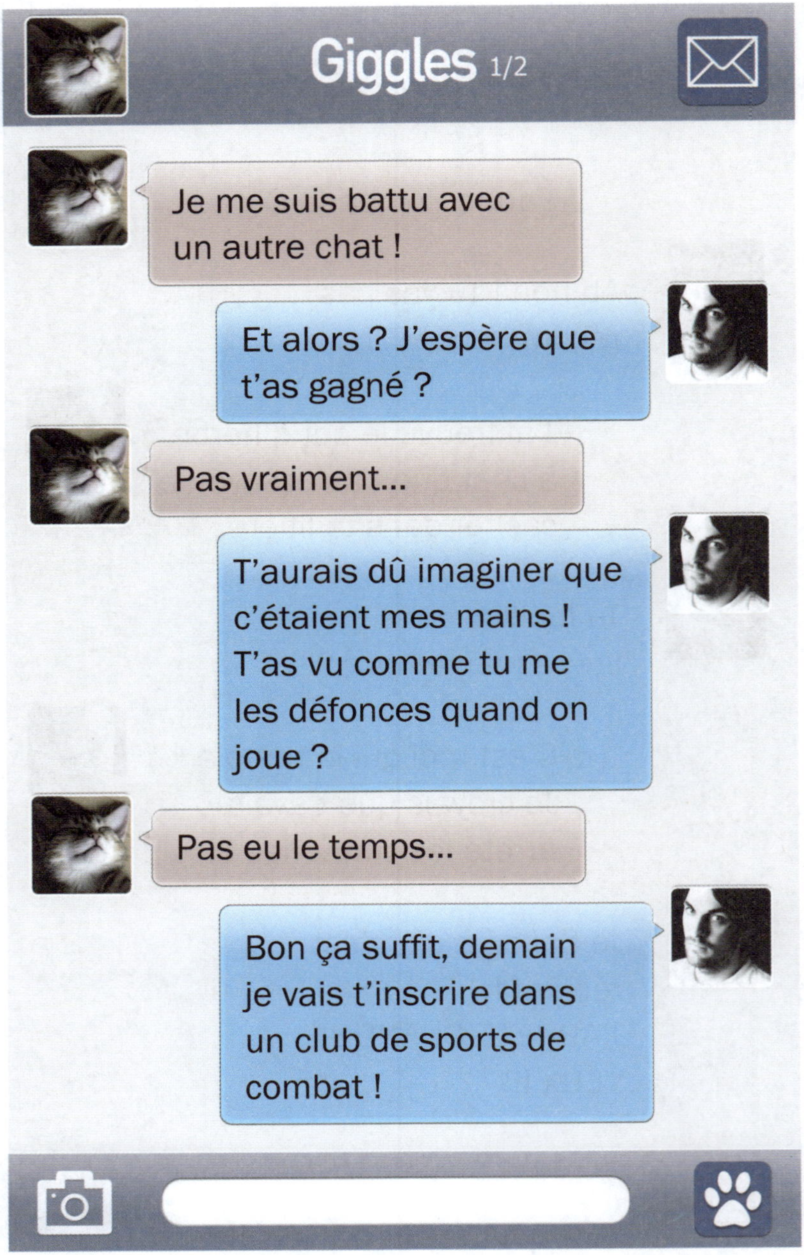
Giggles 1/2
Je me suis battu avec un autre chat !
Et alors ? J'espère que t'as gagné ?
Pas vraiment...
T'aurais dû imaginer que c'étaient mes mains ! T'as vu comme tu me les défonces quand on joue ?
Pas eu le temps...
Bon ça suffit, demain je vais t'inscrire dans un club de sports de combat !

Giggles 2/2
Cool ! J'en rêvais !
Faut qu'on trouve quoi maintenant.
Je pensais faire du Krav-Machat.
Tu préfères pas plutôt le charaté ?

Giggles

comment **ne plus avoir peur de l'eau**

comment **aller chercher tous les trucs sous le frigo**

comment **ouvrir une porte**

comment **cuisiner de bons petits plats avec son vomi**

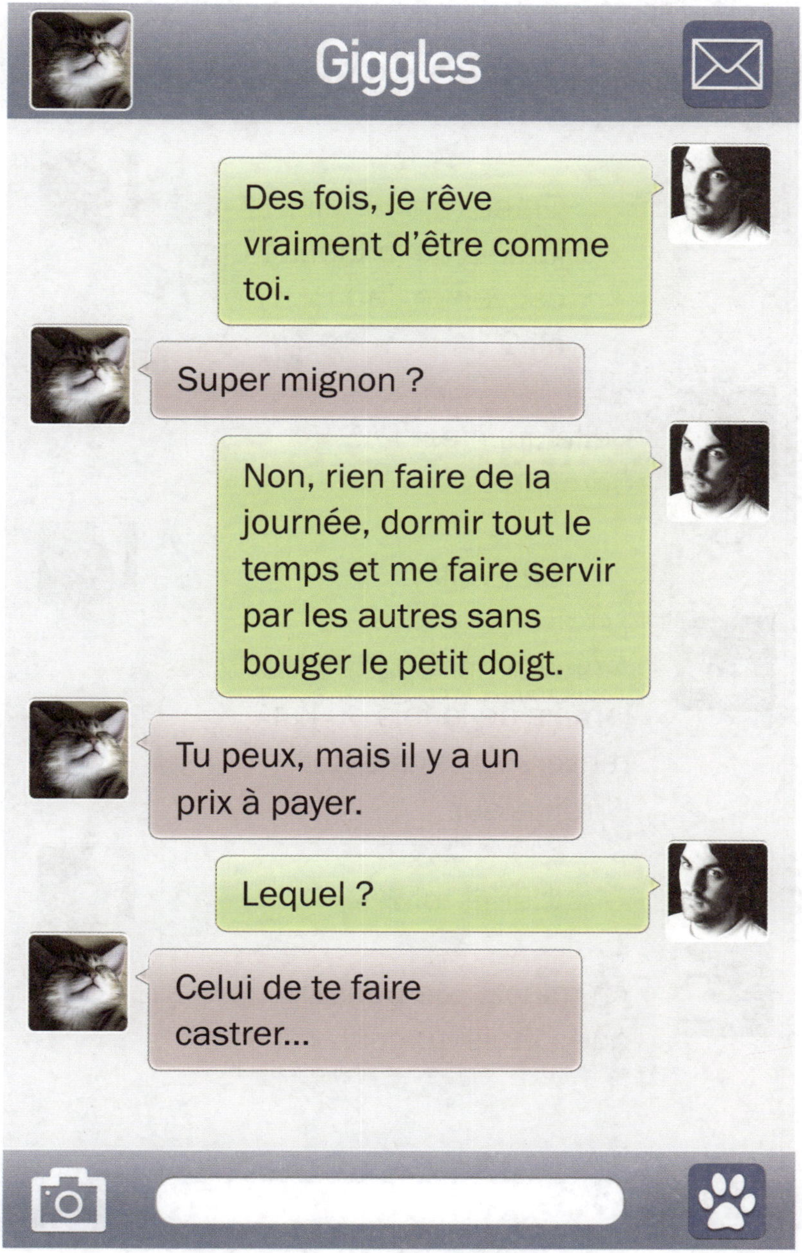
Giggles
Des fois, je rêve vraiment d'être comme toi.
Super mignon ?
Non, rien faire de la journée, dormir tout le temps et me faire servir par les autres sans bouger le petit doigt.
Tu peux, mais il y a un prix à payer.
Lequel ?
Celui de te faire castrer...

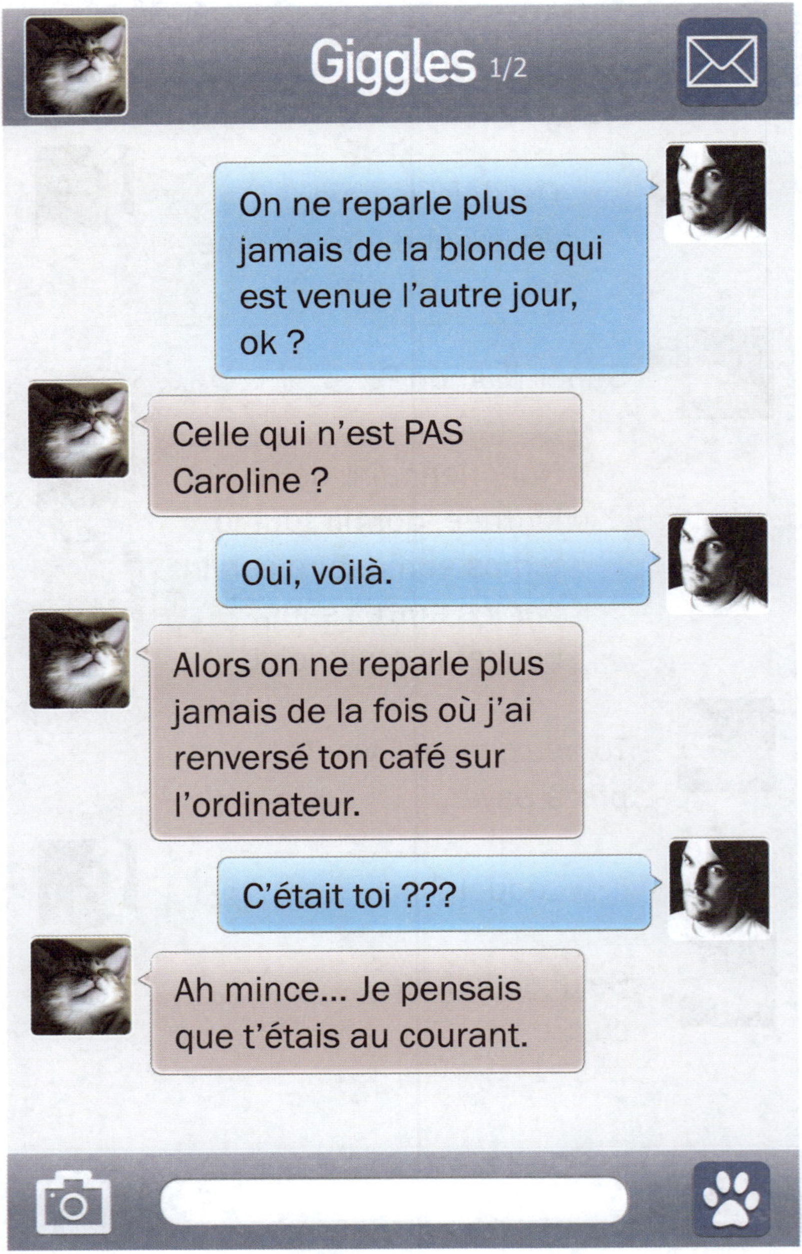
Giggles 1/2
On ne reparle plus jamais de la blonde qui est venue l'autre jour, ok ?
Celle qui n'est PAS Caroline ?
Oui, voilà.
Alors on ne reparle plus jamais de la fois où j'ai renversé ton café sur l'ordinateur.
C'était toi ???
Ah mince… Je pensais que t'étais au courant.

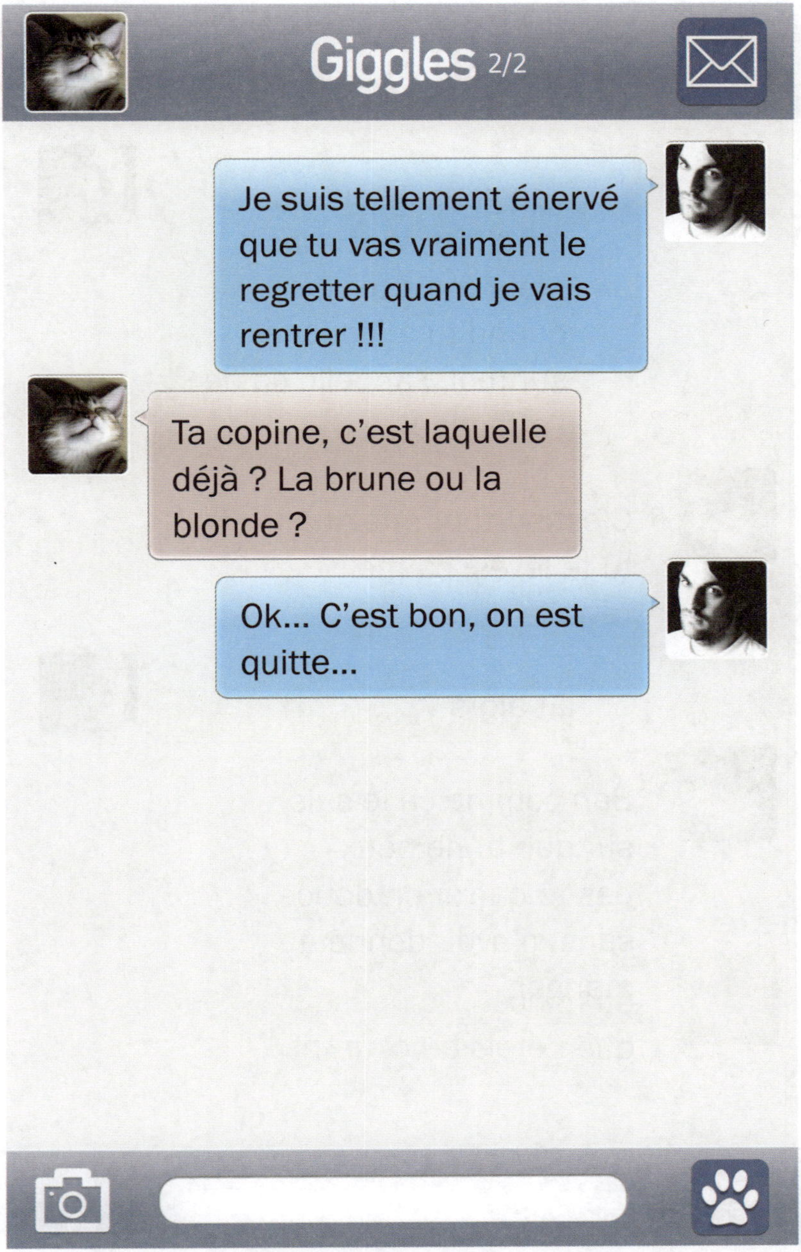
Giggles 2/2
Je suis tellement énervé que tu vas vraiment le regretter quand je vais rentrer !!!
Ta copine, c'est laquelle déjà ? La brune ou la blonde ?
Ok… C'est bon, on est quitte…

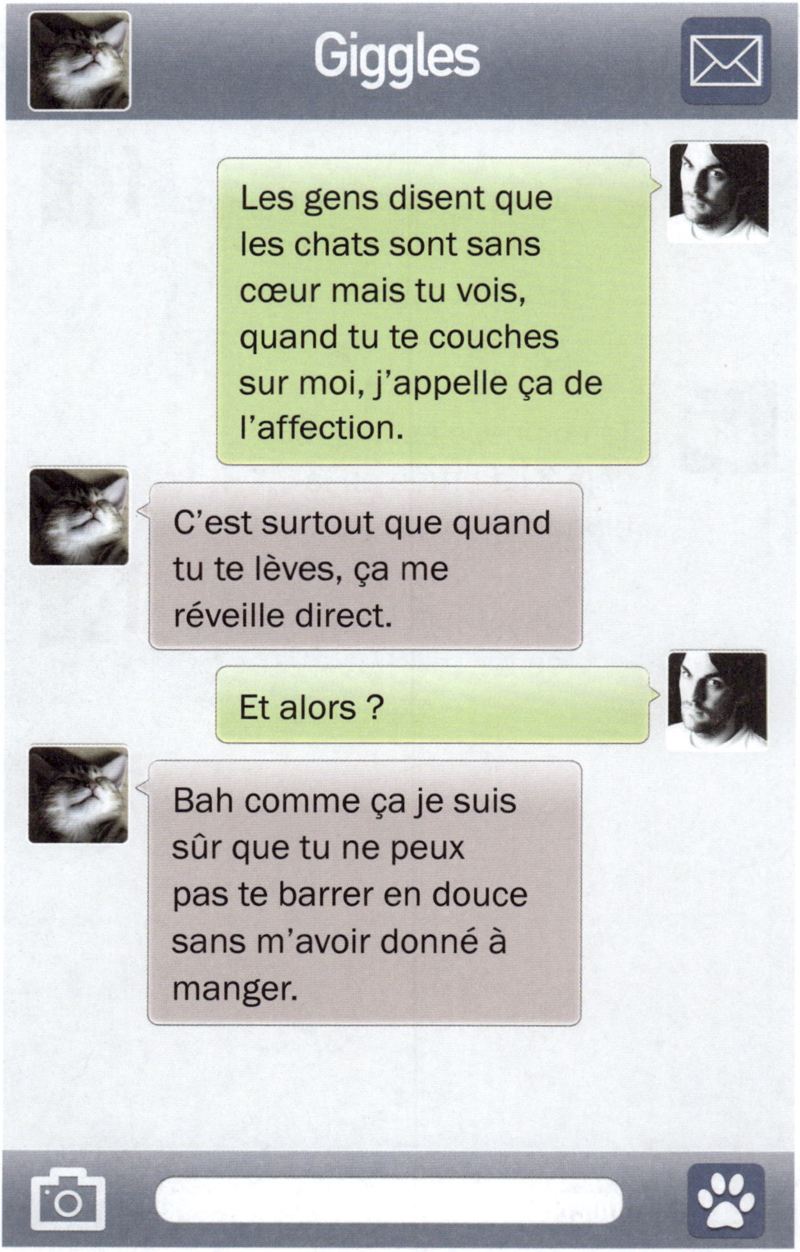
Giggles
Les gens disent que les chats sont sans cœur mais tu vois, quand tu te couches sur moi, j'appelle ça de l'affection.
C'est surtout que quand tu te lèves, ça me réveille direct.
Et alors ?
Bah comme ça je suis sûr que tu ne peux pas te barrer en douce sans m'avoir donné à manger.

Al PasDeChatNoir
dans
Le PaChat
« Des croquettes que vous ne pourrez pas refuser »

Giggles
Tu dors ?
Tu dors ?
Tu dors ???
Allô ? Tu dors ?
Tuuuuu doooooors ???
T.U.D.O.R.S. ?????????
Toi, t'as encore pris de l'herbe à chat !!!
NON ! PAS DU TOUUUT !
NOOOON NOOOON !!!!
Tu dors ?

Giggles
Je voulais juste te dire que je t'aime.
C'est super gentil, merci.
J'ai envie de me blottir dans tes bras.
Awwww t'es trop chou !
J'ai faim !

Chercher d'autres chats, des croquettes ou des petites boules en alu...

Giggles

2 min

Voici la preuve que les chats sont les meilleurs ! Vous avez déjà vu une statue de chien aussi grosse ? Bon alors !

Rrrrrr • Miauler • Partager

Jack et 5 autres ronronnent

Florian C'est pas un chat, c'est le Sphinx !

Giggles Te fie pas à son casque des Daft Punk là, je te dis que c'est un chat !

Florian Pas convaincu...

Giggles Et là ?

Giggles
Tu veux jouer au « ni oui ni non » ?
Oui.
Perdu.
Attends ! J'étais pas prêt !
On recommence ?
D'accord.
T'es prêt ?
Oui.
Perdu.

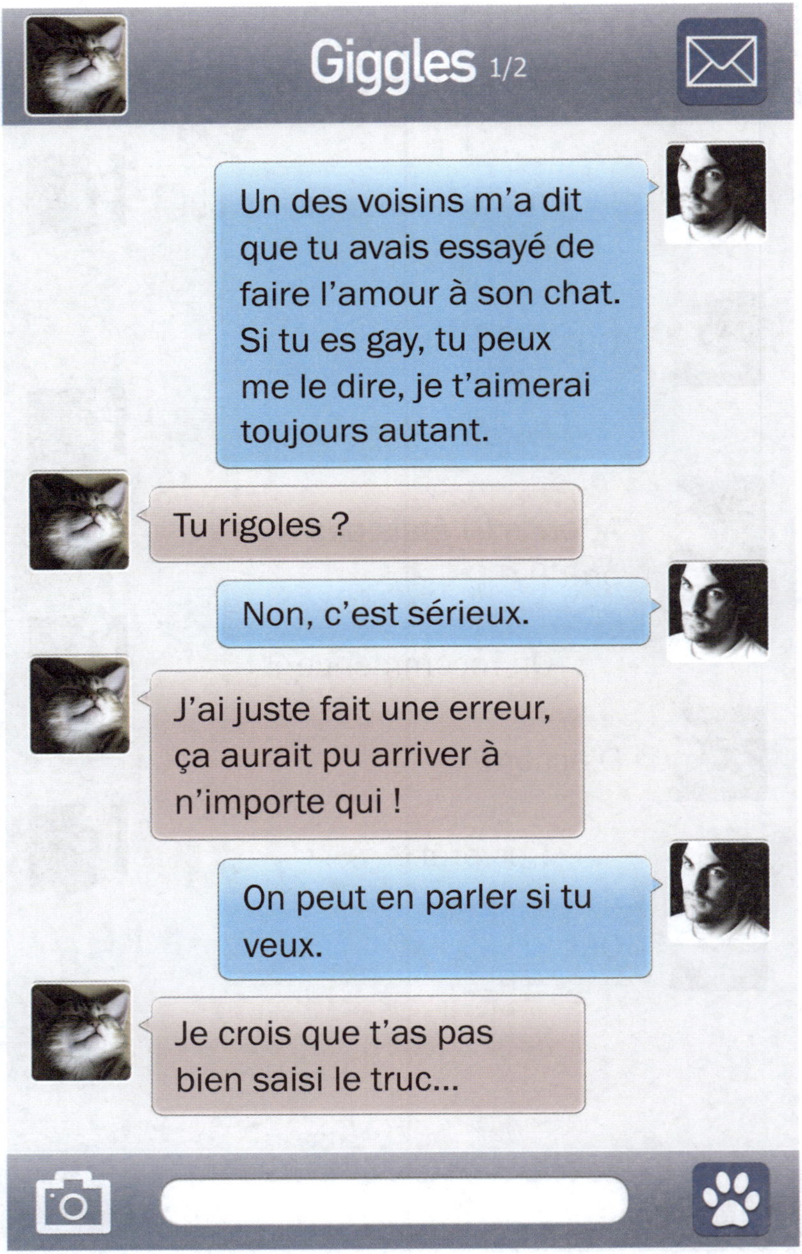
Giggles 1/2
Un des voisins m'a dit que tu avais essayé de faire l'amour à son chat. Si tu es gay, tu peux me le dire, je t'aimerai toujours autant.
Tu rigoles ?
Non, c'est sérieux.
J'ai juste fait une erreur, ça aurait pu arriver à n'importe qui !
On peut en parler si tu veux.
Je crois que t'as pas bien saisi le truc...

Giggles 2/2
Tu vois une différence entre ces deux chats ?
Euh non...
Y a un mâle ET une femelle, donc voilà, toi aussi t'es gay !
Ok, j'ai rien dit...

Giggles
J'étais triste hier, heureusement que t'étais là, merci.
De rien. Je suis moins cher qu'un psy au final.
C'est pas faux.
Enfin, 20 croquettes de l'heure quand même...

Chercher d'autres chats, des croquettes ou des petites boules en alu...

Giggles
5 min

Faites passer le message !

PERDU « GIGGLES », MAGNIFIQUE CHAT
RÉCOMPENSE : 100 000 €

Rrrrrr • Miauler • Partager

Jack et 5 autres ronronnent

Florian C'est quoi ce délire ?! J'ai vu des affiches partout dans la rue !

Giggles C'est un plan de génie !

Florian Une récompense de 100 000 € si on te retrouve ???

Giggles T'inquiète pas, je vais te dire où je suis, comme ça tu viens me chercher et on empoche les 100 000 €. On va être riches !!!

Giggles
T'as encore éventré la poubelle !!!
J'avais faim.
Mais t'as tooouuuuuut le temps faim !!!
Regarde, je suis allongé sur le dos avec mes quatre petites pattes en l'air :)
Ok.
T'es trop chou.

Giggles

Giggles

18 miaous

Giggles Je pense que j'ai largement le temps de dormir avant que ça pousse...

Giggles 1/2
Je me suis fait couper ma connexion Internet.
Noooon ?! Pourquoi ???
J'ai reçu une lettre d'HADOPI.
C'est-à-dire ?
Je suis accusé de téléchargement illégal...
Et pourquoi tu m'en parles à moi ?
Parce que j'ai reçu la liste des films téléchargés.

Giggles 2/2

Il y a donc :

Chatte sur toit brûlant,

Les Siamoises en chaleur 3,

La Litière de tous les vices,

et enfin :

10 croquettes la lèche, 30 l'amour.

Ah ok...

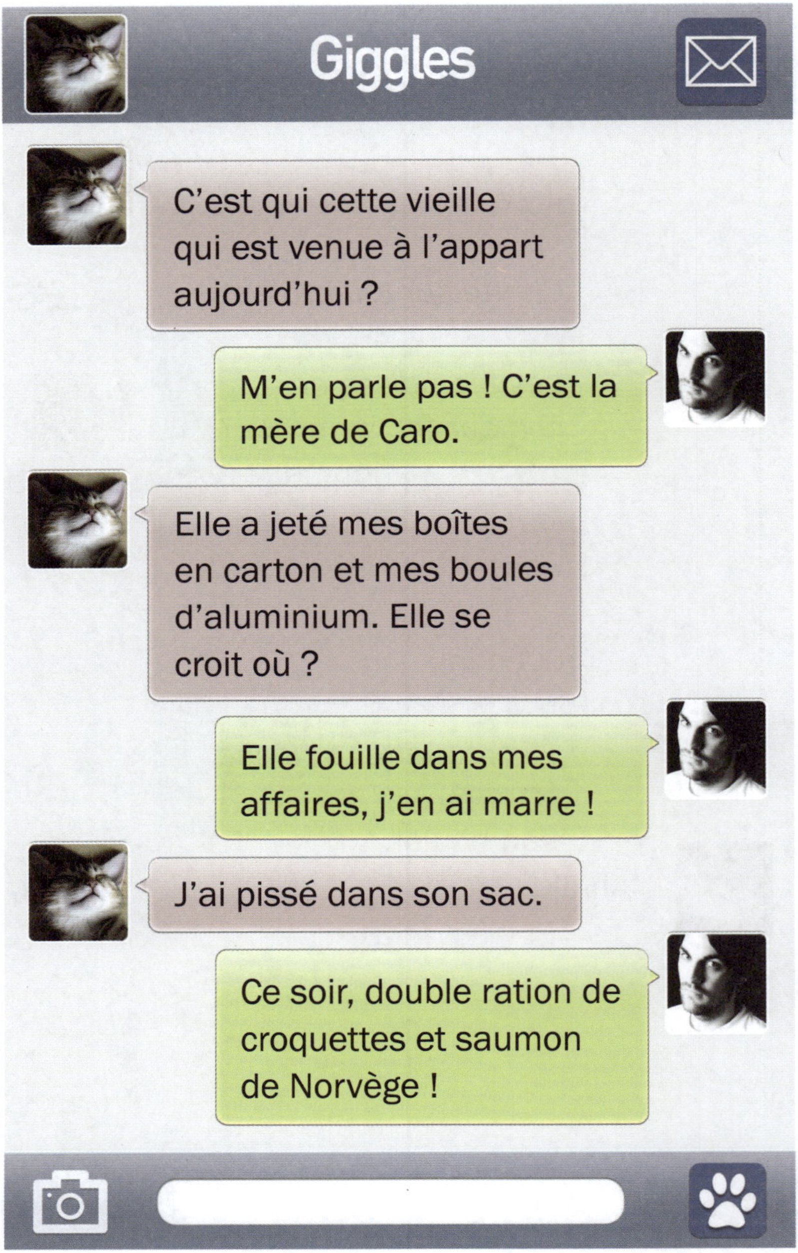
Giggles
C’est qui cette vieille qui est venue à l’appart aujourd’hui ?
M’en parle pas ! C’est la mère de Caro.
Elle a jeté mes boîtes en carton et mes boules d’aluminium. Elle se croit où ?
Elle fouille dans mes affaires, j’en ai marre !
J’ai pissé dans son sac.
Ce soir, double ration de croquettes et saumon de Norvège !

Giggles
Un fan de toi a suivi ton exemple.
Wow ! Je suis flatté !
Il a décidé de manger 15 fois par jour, de se laver avec sa langue et de dormir les 3/4 de la journée.
Du coup, il est devenu obèse, a perdu sa femme, ses gosses et son boulot.
Et il est mort.

Giggles
Je ne trouve plus la bague en croquettes 24 carats que tu m'avais offerte pour la Chat-Valentin.
C'est normal.
Pourquoi ?
J'avais faim, je l'ai mangée.

Chercher d'autres chats, des croquettes ou des petites boules en alu...

Giggles
8 min

Si on calculait l'âge de mon « maître » en âge de chat, il serait comme ça...

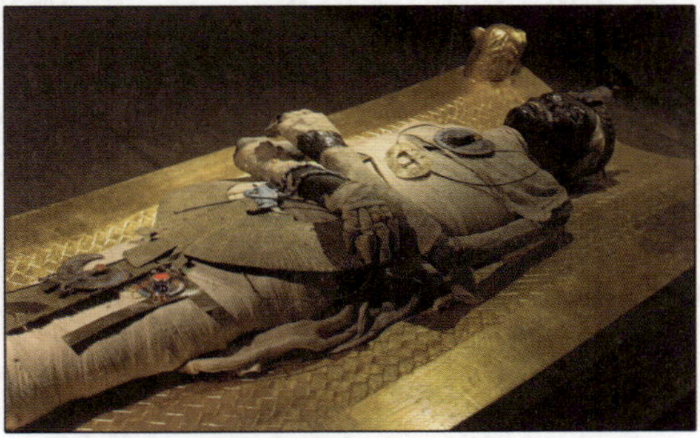

Rrrrrr • Miauler • Partager

Garance, Speculoos et 4 autres ronronnent

Jack Hahahaha le vieux !

Hoffmann Mdr il é tout sek.

Giggles 1/2

Salut ! T'as bien dormi ?

Comment ça ? Je suis au boulot ! Il est 18 h !

Moi, je viens de me lever.

Je rentre bientôt, je suis crevé.

Je suis en pleine forme !

Je n'ai qu'une seule envie : dormir.

Je sens que je vais piquer des sprints dans tout l'appart !

Escalader ton bureau.

Giggles 2/2

Te lécher les yeux.

Te miauler dans les oreilles.

Tu dors ?

Tu dors ???

Tu doooooooooors ?????

Giggles

C'est quoi ce délire dans ma gamelle ???

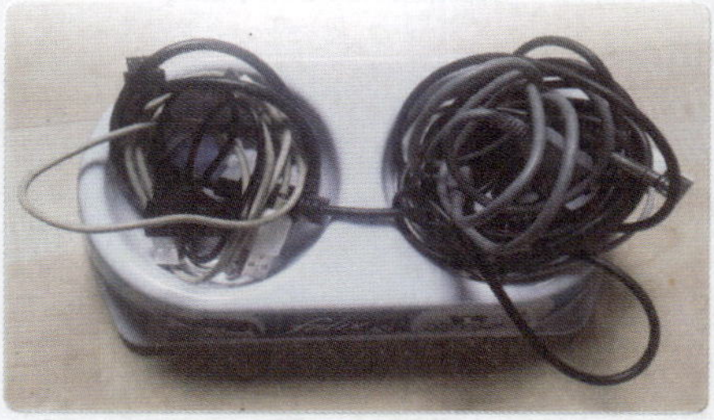

C'est ton repas.

C'est une blague ???

Vu que tu grignotes tous mes câbles à longueur de journée, à partir de maintenant, t'auras plus que ça à bouffer !

Giggles
Qu’est-ce qui t’a pris de venir me lècher le museau à 5 h du mat ? T’as pas vu que je dormais ???
T’as vu, c’est chiant, hein !

Giggles

Giggles

7 miaous

Giggles Bah tiens, celle-là aussi doit être réparée sur-le-champ !

Giggles

Pourquoi elle éternue tout le temps ta copine ?

Elle est allergique aux chats.

Y a un chat ici ???

J'espère que t'es au courant que le chat, c'est TOI !

Quoi ???
Je suis pas un prince égyptien en exil qui règne sur le 31, rue d'Amsterdam ???
:-(

Giggles 1/2

C'est vrai que t'es végétarien ?

C'est exact.

Tu manges pas de viande ?

Ben non.

Comment tu fais pour survivre ? T'es dingue ou quoi ?

Non, y a plein d'autres trucs à manger !

Pourquoi tu fais ça ?

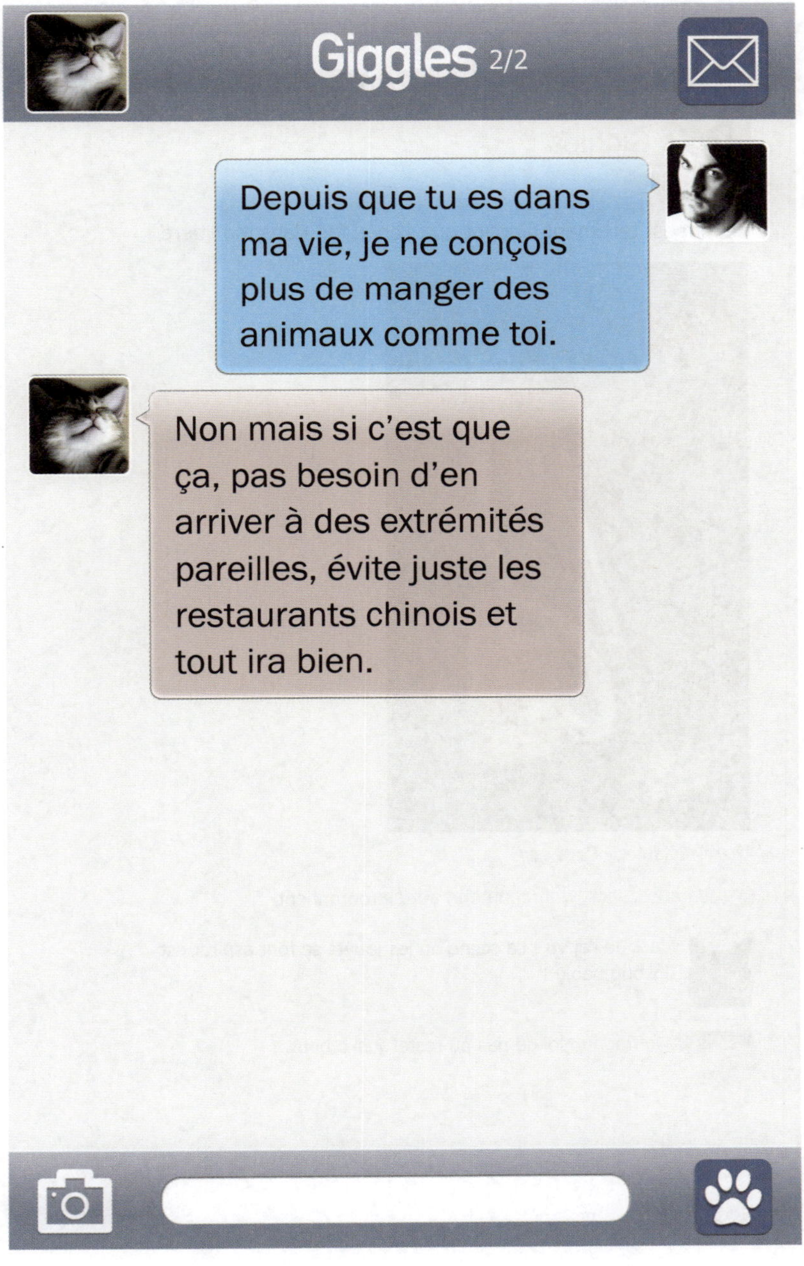
Giggles 2/2
Depuis que tu es dans ma vie, je ne conçois plus de manger des animaux comme toi.
Non mais si c'est que ça, pas besoin d'en arriver à des extrémités pareilles, évite juste les restaurants chinois et tout ira bien.

Chercher d'autres chats, des croquettes ou des petites boules en alu...

Giggles
14 min

Ce film est tellement flippant que j'en ai fait dans ma litière !

Rrrrrr • Miauler • Partager

Garance, Jack, Hoffmann et 4 autres ronronnent

Jack Je l'ai vu ! La scène où les jouets se font aspirer est insoutenable !

Hoffmann Moi gé pas pu rester jusko bout...

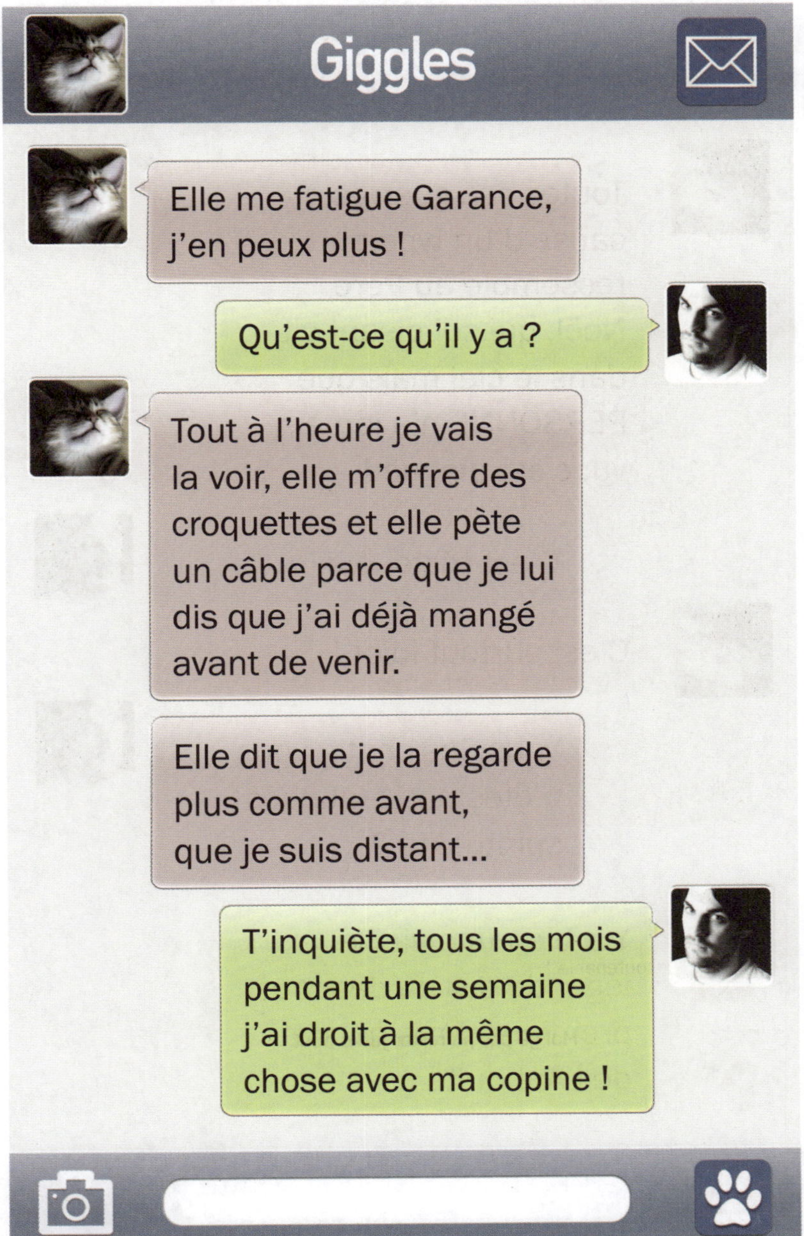
Giggles
Elle me fatigue Garance, j'en peux plus !
Qu'est-ce qu'il y a ?
Tout à l'heure je vais la voir, elle m'offre des croquettes et elle pète un câble parce que je lui dis que j'ai déjà mangé avant de venir.
Elle dit que je la regarde plus comme avant, que je suis distant…
T'inquiète, tous les mois pendant une semaine j'ai droit à la même chose avec ma copine !

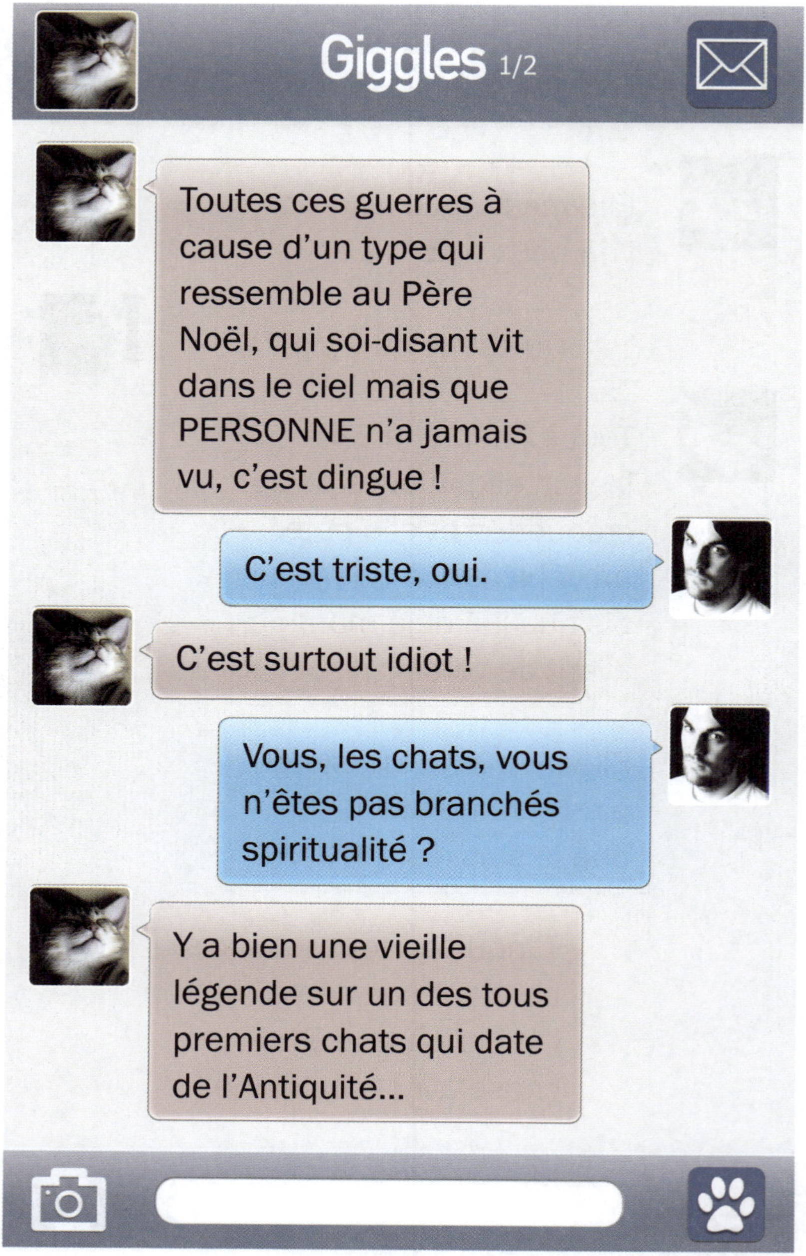
Giggles 1/2
Toutes ces guerres à cause d'un type qui ressemble au Père Noël, qui soi-disant vit dans le ciel mais que PERSONNE n'a jamais vu, c'est dingue !
C'est triste, oui.
C'est surtout idiot !
Vous, les chats, vous n'êtes pas branchés spiritualité ?
Y a bien une vieille légende sur un des tous premiers chats qui date de l'Antiquité…

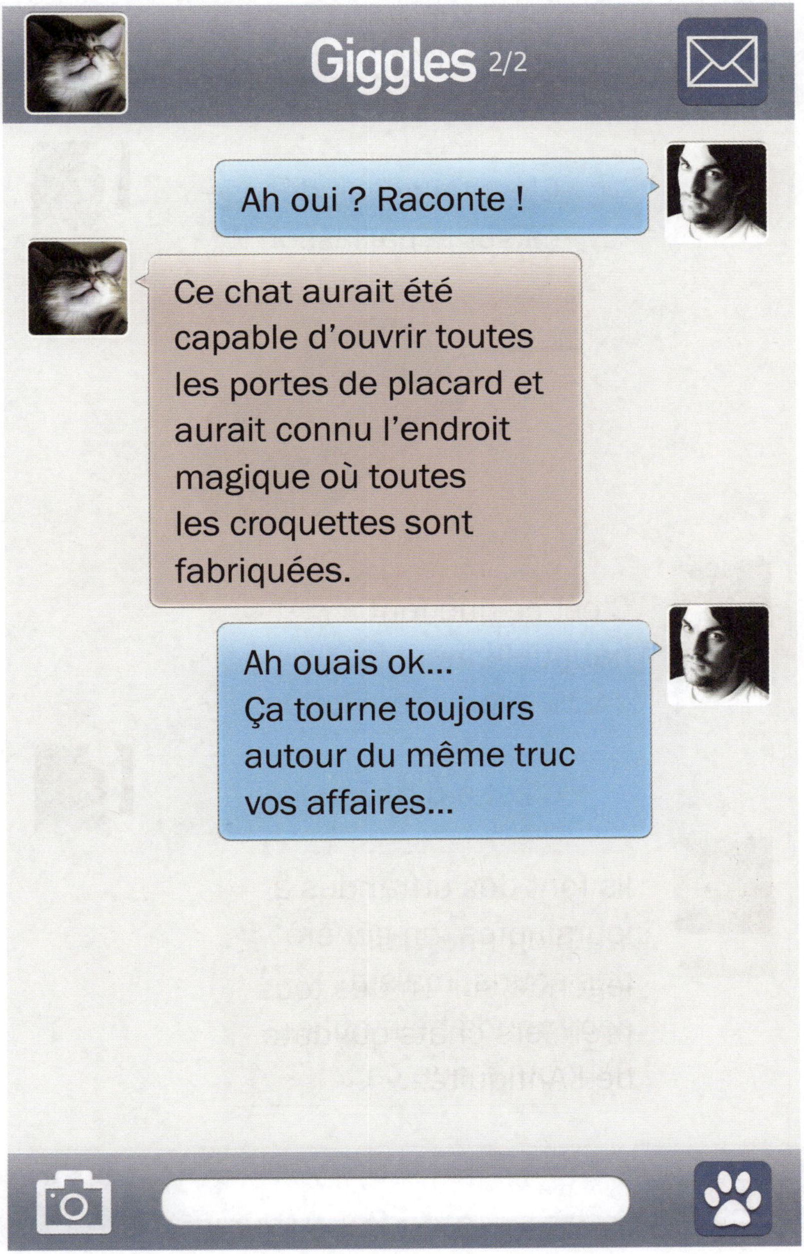
Giggles 2/2
Ah oui ? Raconte !
Ce chat aurait été capable d'ouvrir toutes les portes de placard et aurait connu l'endroit magique où toutes les croquettes sont fabriquées.
Ah ouais ok...
Ça tourne toujours autour du même truc vos affaires...

Giggles

C’est toi qui as déposé ça sur le paillasson ?

C’est ce que font habituellement les chats, mon cher Florian.

C’est-à-dire ?

Ils font des offrandes à leurs hôtes, en général des souris, mais tu comprends bien qu’ici, j’ai trouvé que ça...

Giggles

comment **manger en dormant**

comment **tuer le chien des voisins**
comment **faire ses ongles sur le canapé sans bruit**
comment **faire pousser de l'herbe à chat**

Giggles 1/2

Franchement, je sais pas ce que vous avez, vous les humains, avec les chiens mais je les trouve cons comme pas permis !

Pourquoi tu dis ça ?

Si un animal qui tourne pendant des heures pour essayer d'attraper sa queue, c'est pas un abruti, je sais pas ce qu'il te faut ?

Je te signale que vous les chats, vous faites exactement la même chose !

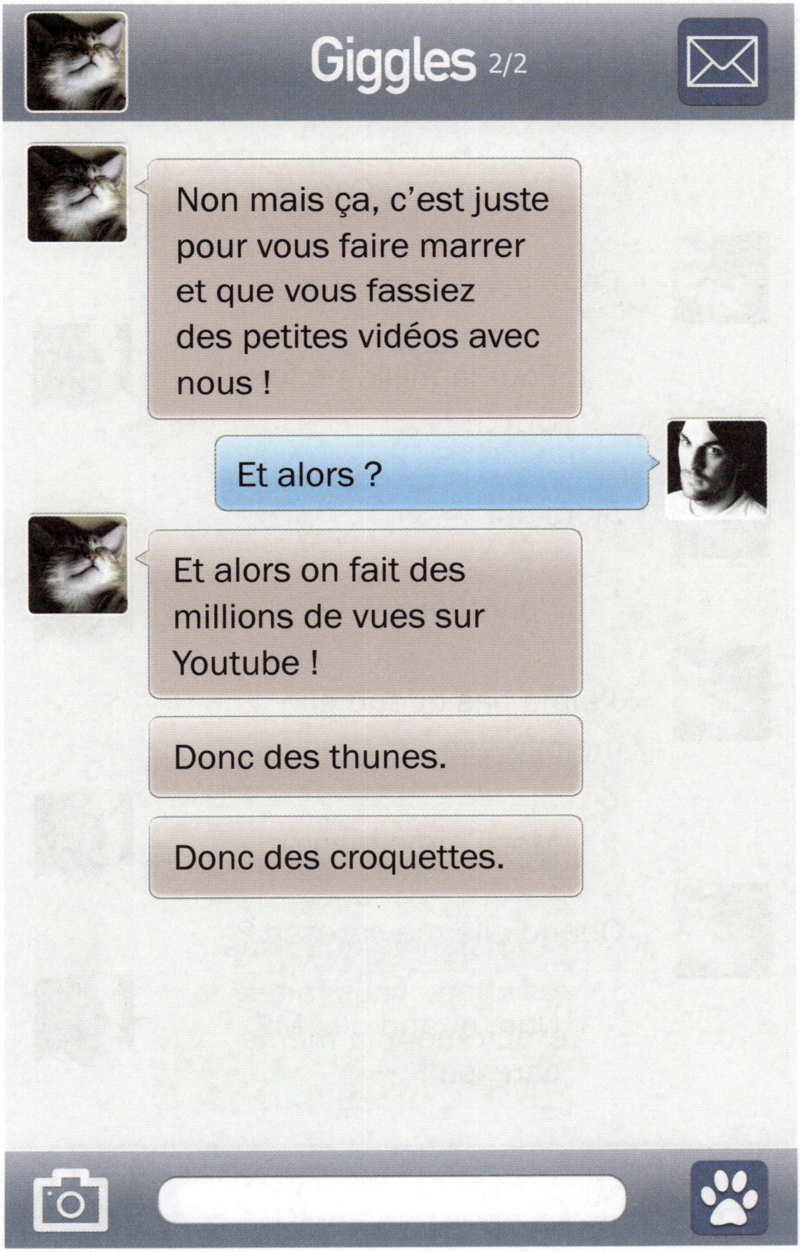
Giggles 2/2
Non mais ça, c'est juste pour vous faire marrer et que vous fassiez des petites vidéos avec nous !
Et alors ?
Et alors on fait des millions de vues sur Youtube !
Donc des thunes.
Donc des croquettes.

Giggles
T'as mordu Caro ?
Caro, c'est ta copine ?
Pour la millième fois : OUI !!!
Alors oui.
Pourquoi ?
J'aime pas quand elle me caresse.
Moi, j'aime bien :)
Quand elle me caresse ?
Non, quand elle ME caresse !

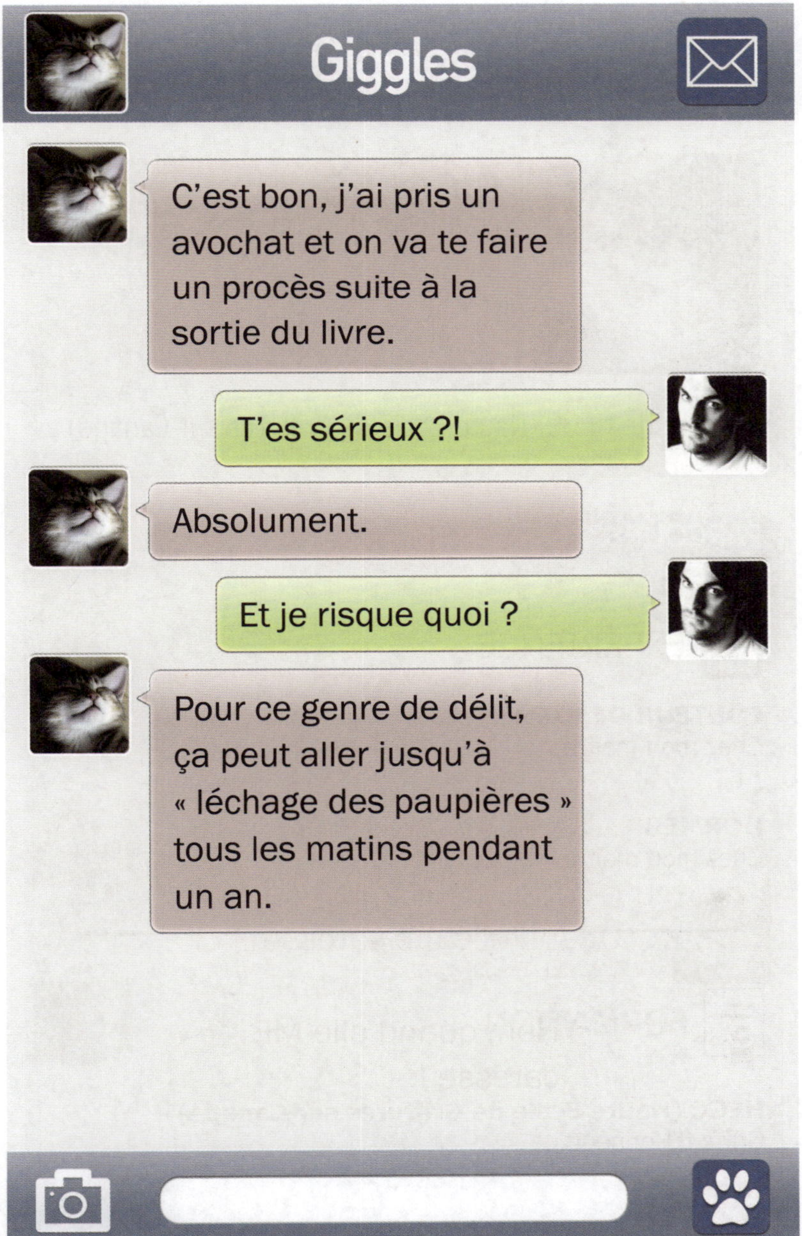
Giggles
C'est bon, j'ai pris un avochat et on va te faire un procès suite à la sortie du livre.
T'es sérieux ?!
Absolument.
Et je risque quoi ?
Pour ce genre de délit, ça peut aller jusqu'à « léchage des paupières » tous les matins pendant un an.

CV

GIGGLES

en attente de croquettes

Paris, IDF.

Diplômé de HEGC (Haute École de Griffures sur Canapé)

PARCOURS

EXPÉRIENCE

FOUTEUR DE RIEN
Chez mon maître
mars 2013 - aujourd'hui

DORMEUR
Chez mon maître
février 2012 - mars 2013

FORMATION

HEGC (Haute École de Griffures sur Canapé)
Griffe d'Honneur
2012 - 2014

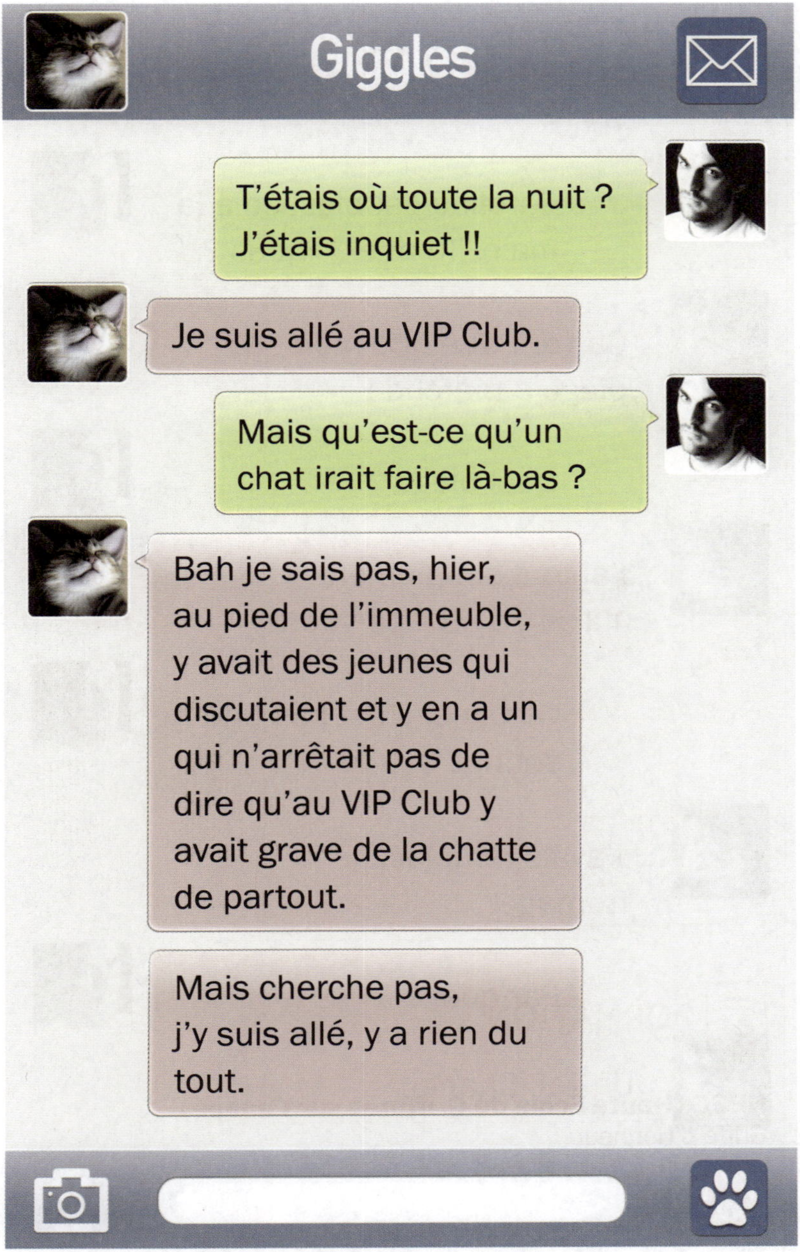
Giggles
T'étais où toute la nuit ? J'étais inquiet !!
Je suis allé au VIP Club.
Mais qu'est-ce qu'un chat irait faire là-bas ?
Bah je sais pas, hier, au pied de l'immeuble, y avait des jeunes qui discutaient et y en a un qui n'arrêtait pas de dire qu'au VIP Club y avait grave de la chatte de partout.
Mais cherche pas, j'y suis allé, y a rien du tout.

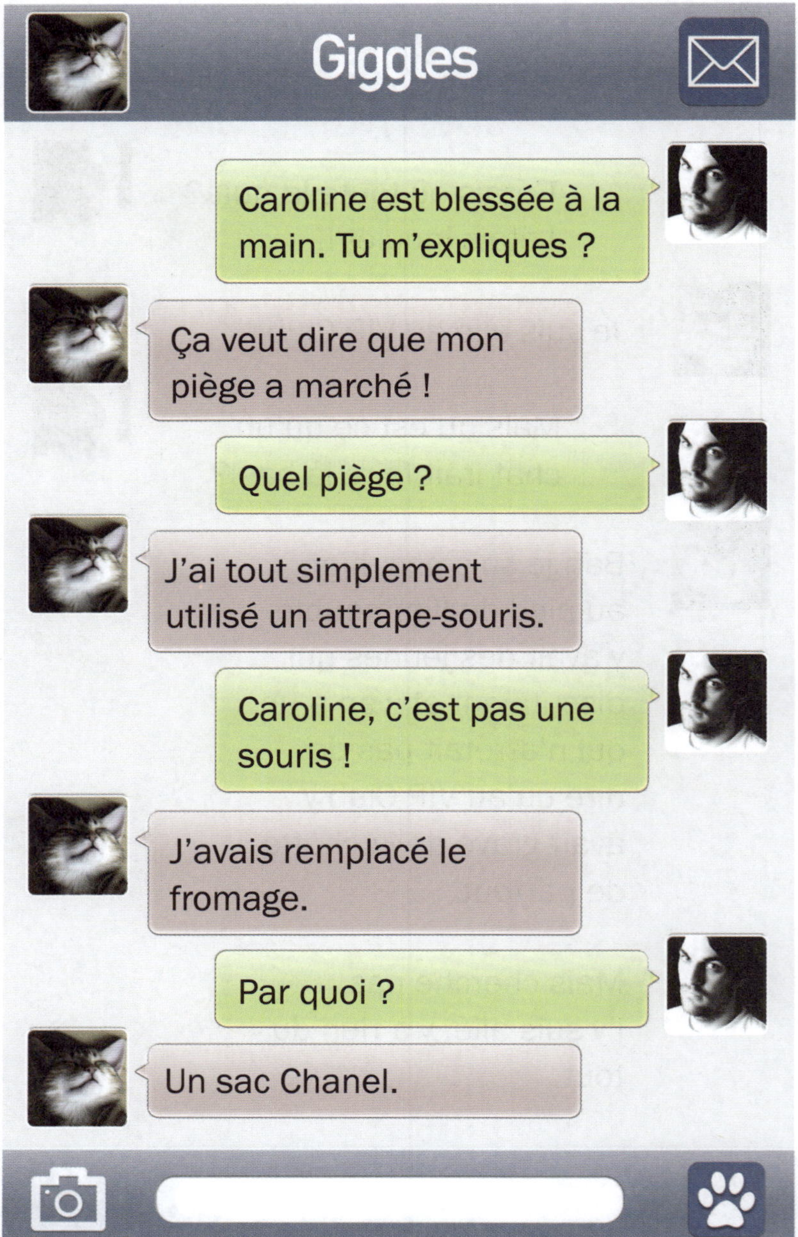
Giggles
Caroline est blessée à la main. Tu m'expliques ?
Ça veut dire que mon piège a marché !
Quel piège ?
J'ai tout simplement utilisé un attrape-souris.
Caroline, c'est pas une souris !
J'avais remplacé le fromage.
Par quoi ?
Un sac Chanel.

Giggles
Tu veux quoi pour Noël ?
Je sais pas. Quelque chose qui reflète ma personnalité subtile et mystérieuse, intrépide mais mesurée, charmeuse mais détachée.
Des croquettes, ça ira ?
Oui, voilà !!! :)

Giggles

Viens me chercher, je suis en taule.

Hein ?

Une sombre affaire…

Les flics m'ont gaulé avec un pacson d'herbe à chat dans les fouilles. Bien plus que ma conso perso. Ma caution est placée à 1 kg de croquettes.
Le proc a pas fait dans la dentelle. Rapplique avec le matos et un max de lait. Va falloir que je noie tout ça dans un bon demi-écrémé.

Giggles

comment **acheter du lait sur Internet**

comment **dormir 24/24h sans passer pour mort**

comment **éviter de se faire caresser tout le temps**

comment **forcer mon maître à me donner à manger**

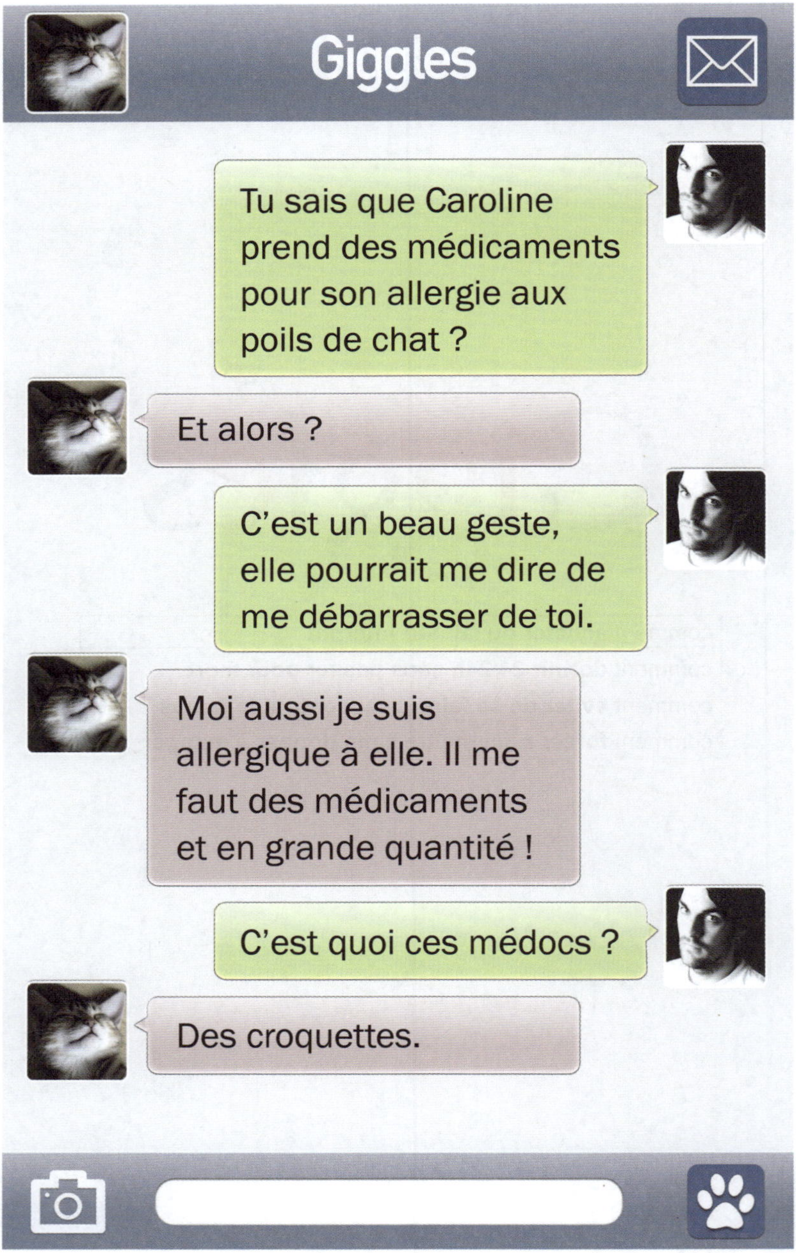
Giggles
Tu sais que Caroline prend des médicaments pour son allergie aux poils de chat ?
Et alors ?
C'est un beau geste, elle pourrait me dire de me débarrasser de toi.
Moi aussi je suis allergique à elle. Il me faut des médicaments et en grande quantité !
C'est quoi ces médocs ?
Des croquettes.

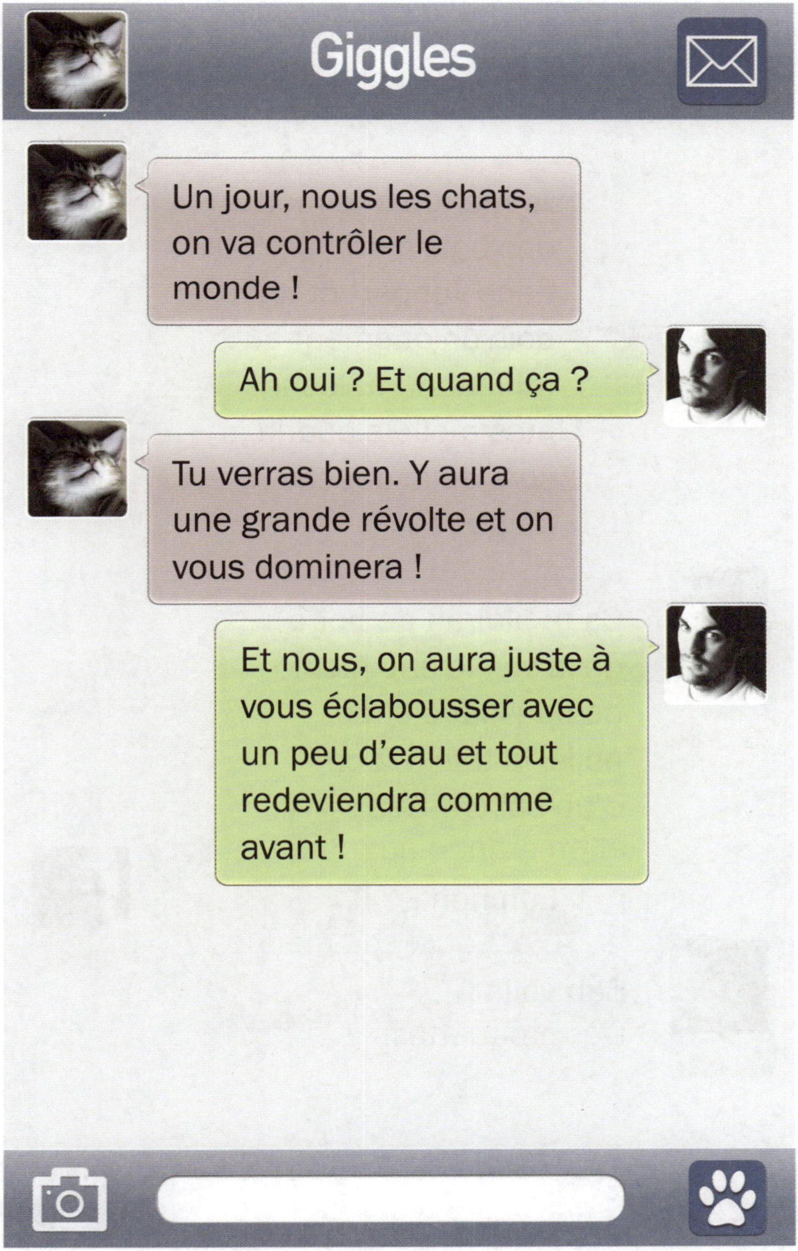
Giggles
Un jour, nous les chats, on va contrôler le monde !
Ah oui ? Et quand ça ?
Tu verras bien. Y aura une grande révolte et on vous dominera !
Et nous, on aura juste à vous éclabousser avec un peu d'eau et tout redeviendra comme avant !

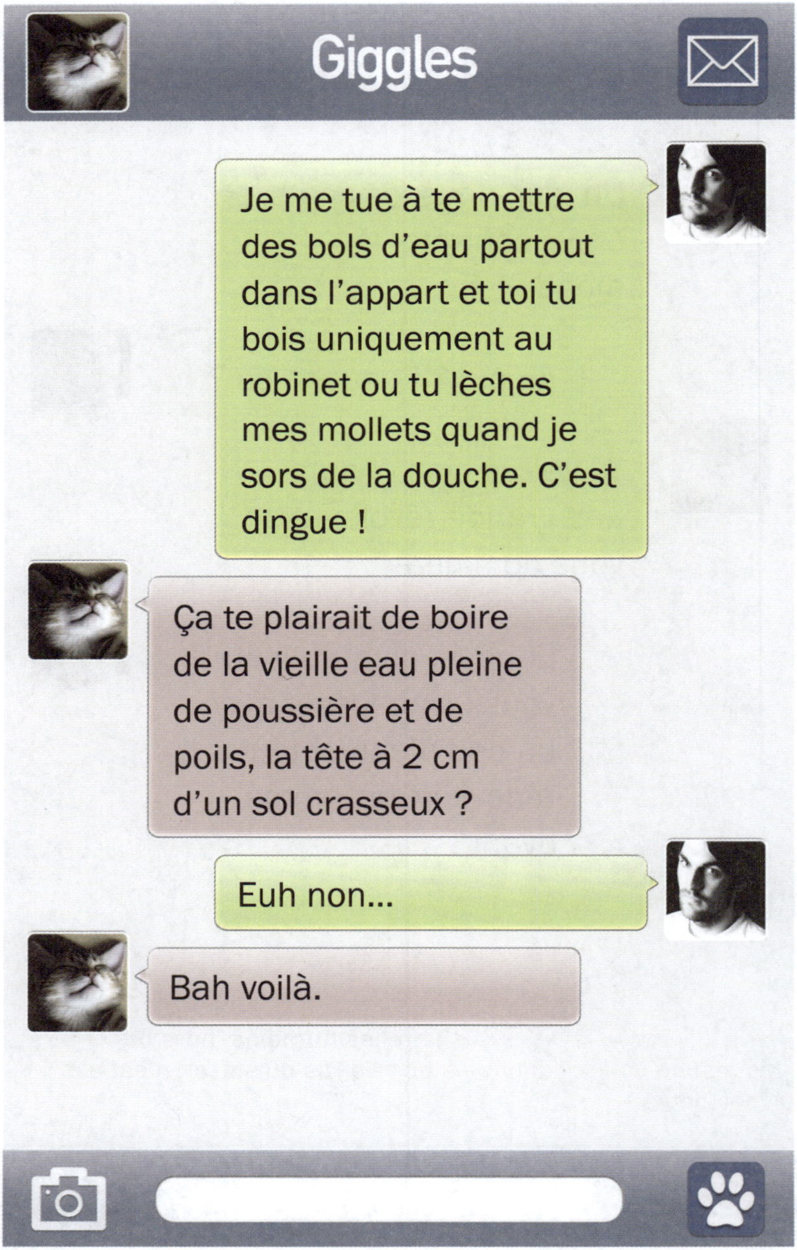
Giggles
Je me tue à te mettre des bols d'eau partout dans l'appart et toi tu bois uniquement au robinet ou tu lèches mes mollets quand je sors de la douche. C'est dingue !
Ça te plairait de boire de la vieille eau pleine de poussière et de poils, la tête à 2 cm d'un sol crasseux ?
Euh non...
Bah voilà.

Giggles

Giggles

2 miaous

Giggles Moi, je les ai vus faire les humains, hors de question que je continue à boire à ras du sol, on n'est pas des bêtes !

Giggles

J'ai fini vos verres après le repas de Noël. Je comprends pas... J'ai pissé sur le paillasson, j'ai envoyé des sms coquins à la chatte des voisins et je me suis endormi dans ma litière, la tête entre deux crottes...

Oui Giggles, c'est ce qu'on appelle l'alcool.

Chercher d'autres chats, des croquettes ou des petites boules en alu...

Giggles
27 min

Quelqu'un connaîtrait-il par hasard l'adresse de la salle de muscu de ce type ?

Rrrrrr • Miauler • Partager

Garance ronronne

Garance Wow ! Il est beau !

Giggles Oh ! Calme-toi un peu Garance, t'es en chaleur ou quoi ?

Garance Oui...

Giggles Ok j'arrive tout de suite !

Giggles
Qu'est-ce qu'il y a ? Ça n'a pas l'air d'aller ?
Non, pas trop...
Je parie que t'as oublié l'anniversaire de Caroline !
Exact. Comment tu sais ça ? Qu'est-ce qui t'a mis la puce à l'oreille ?
Quoi ? Une puce ? Dans mon oreille ? AAAAAHHHH LE COLLIER VIIIITE !!!

Giggles
Pourquoi, dans les films, les chats ne sont jamais les héros ?
T'as déjà vu un chat sauver quelqu'un en vrai ?
Non, mais c'est pas une raison.
Si tu veux t'identifier à un personnage de film, j'en ai un. C'est même un super-héros !
Cool ! C'est qui ???
Catwoman.

Giggles
Je comprends vraiment pas pourquoi le chien est le meilleur ami de l'homme.
Les chiens ont plein de qualités que l'homme recherche.
Comme quoi, par exemple ?
Eh bien, la fidélité ! C'est une des grandes qualités du chien.
Donc déjà on peut être sûr que ta copine ne sera jamais la meilleure amie de l'homme !

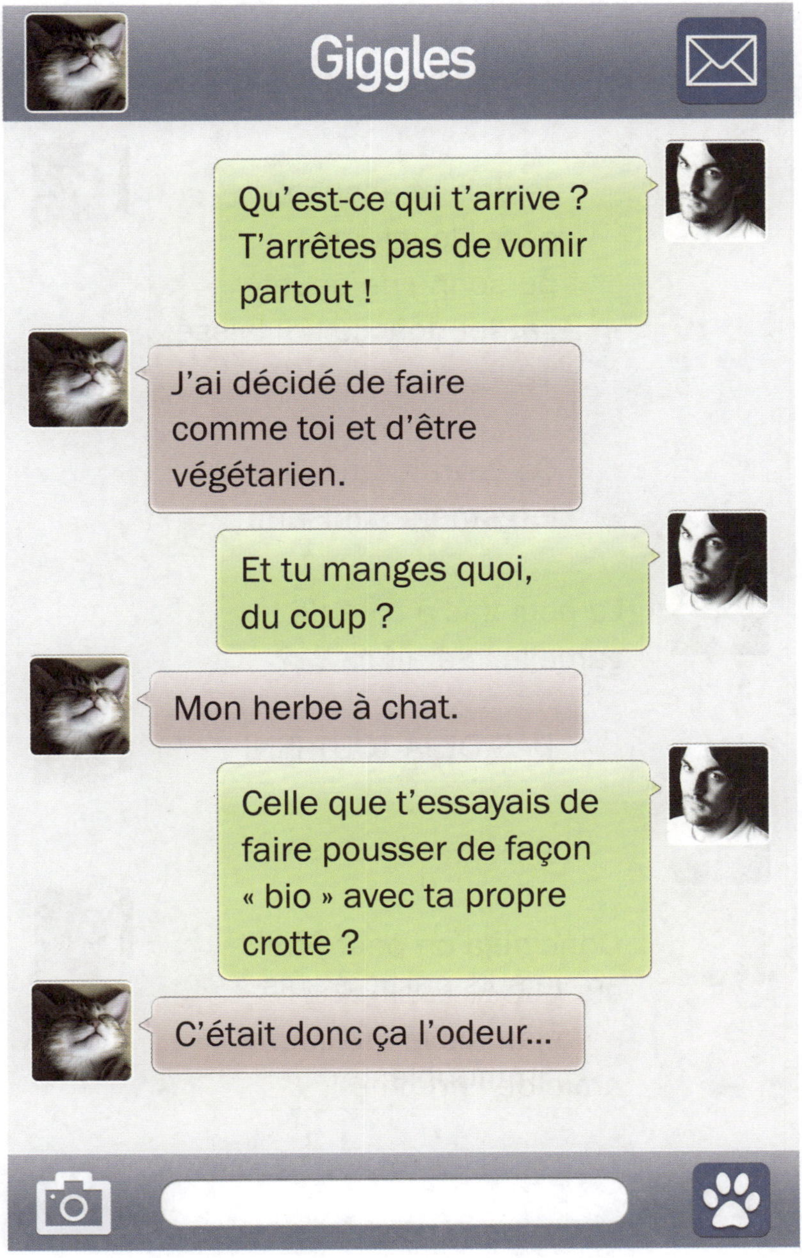
Giggles
Qu'est-ce qui t'arrive ? T'arrêtes pas de vomir partout !
J'ai décidé de faire comme toi et d'être végétarien.
Et tu manges quoi, du coup ?
Mon herbe à chat.
Celle que t'essayais de faire pousser de façon « bio » avec ta propre crotte ?
C'était donc ça l'odeur...

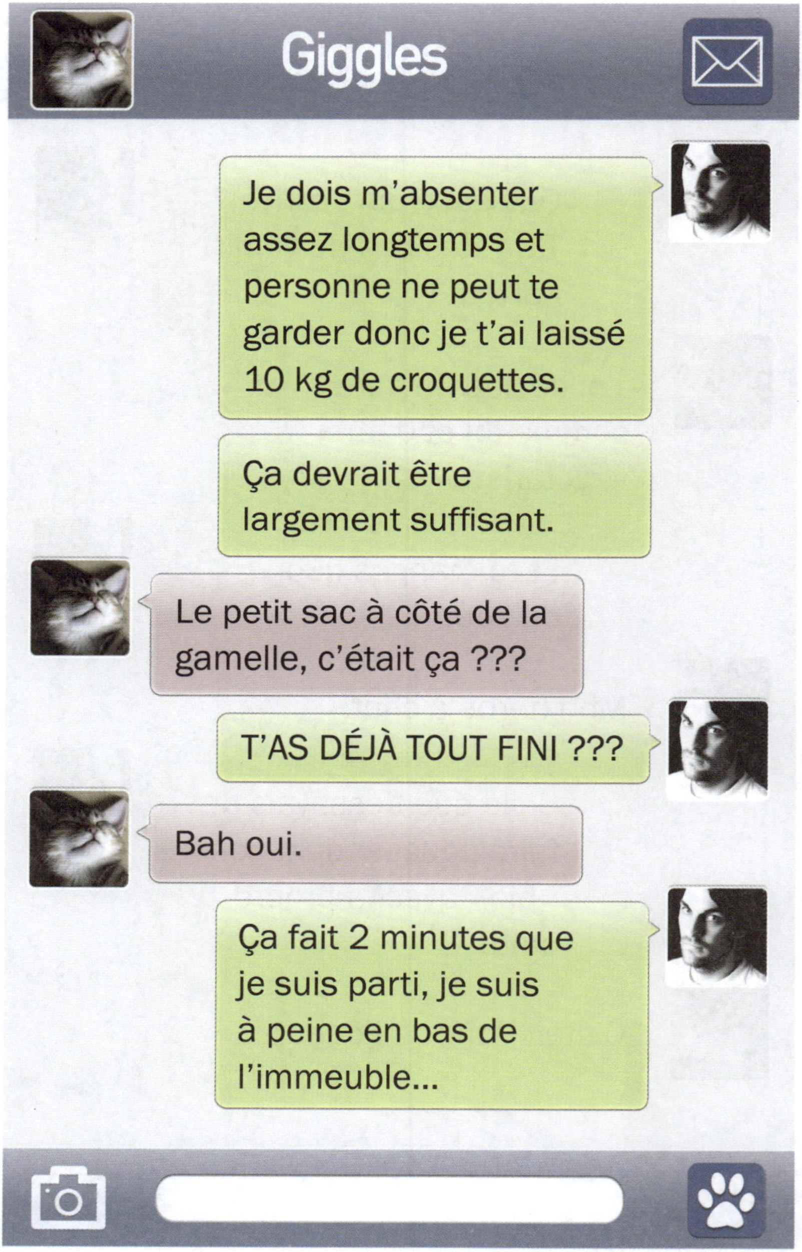
Giggles
Je dois m'absenter assez longtemps et personne ne peut te garder donc je t'ai laissé 10 kg de croquettes.
Ça devrait être largement suffisant.
Le petit sac à côté de la gamelle, c'était ça ???
T'AS DÉJÀ TOUT FINI ???
Bah oui.
Ça fait 2 minutes que je suis parti, je suis à peine en bas de l'immeuble...

LA GRÈCE
POUR LA GRÈCE

SANTORINI
50
GREECE
SANTORINI
Salut Giggles,
Plein de bisous de Grèce où le sable est fin, où la mer est chaude et où le soleil brille.
PS : Caro t'embrasse aussi
Giggles le Chat
31, rue
d'Amsterdam
75008 Paris

PAYSAGES DE CRÔTE

Salut Flo,

Ici ma litière jaunit,
les crottes s'entassent
et les croquettes
s'amenuisent.

PS : Caro c'est la blonde
ou la brune ?

Florian

Quelque part en Grèce

Giggles
Tu l'as vu ?
Quoi ?
Mon cul !
Pfff.

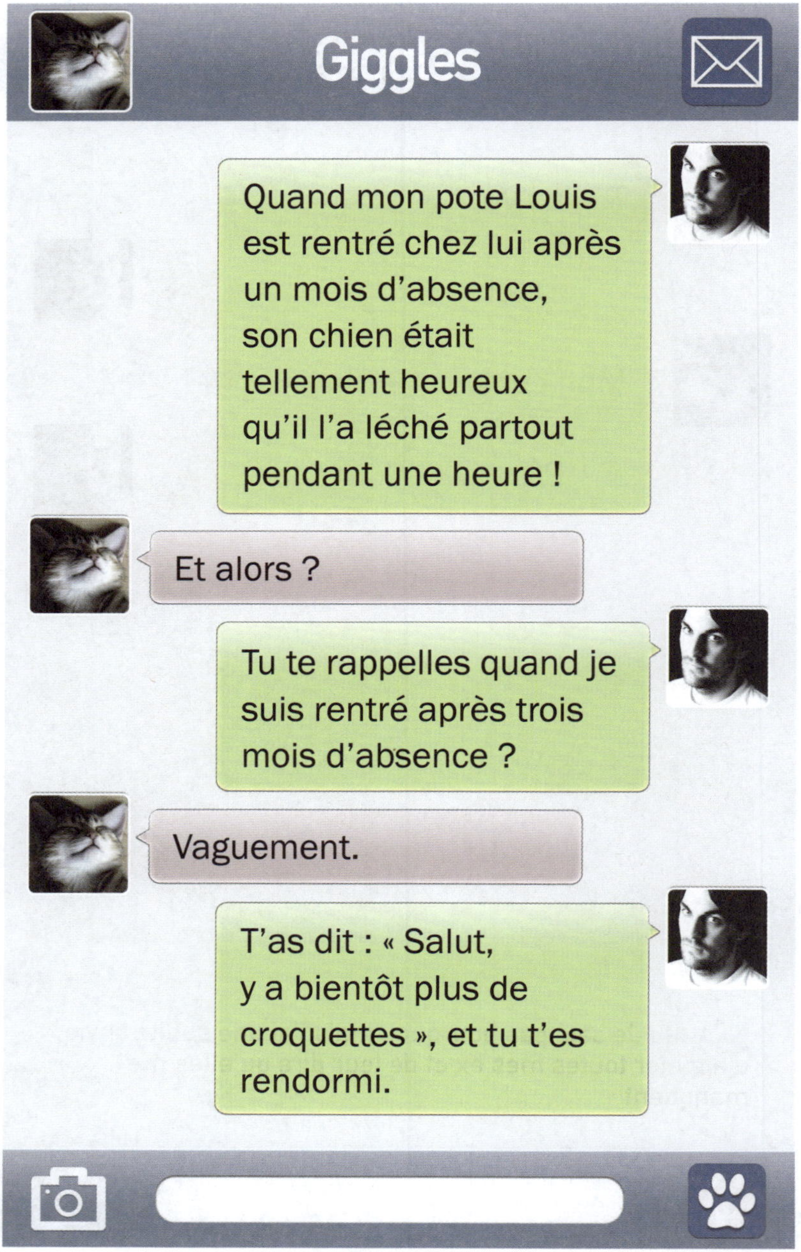

Giggles
Quand mon pote Louis est rentré chez lui après un mois d'absence, son chien était tellement heureux qu'il l'a léché partout pendant une heure !
Et alors ?
Tu te rappelles quand je suis rentré après trois mois d'absence ?
Vaguement.
T'as dit : « Salut, y a bientôt plus de croquettes », et tu t'es rendormi.

Giggles

Giggles

7 miaous

Giggles Je sais pas pourquoi, mais j'ai une subite envie d'appeler toutes mes ex et de leur dire qu'elles me manquent.

Giggles
Giggles, ce soir, je sors, ne m'attends pas !
Oh non !!! Tu vas encore rentrer bourré avec ton pote Mathieu, vous allez jeter vos habits partout, vous enfermer dans la chambre et pousser des cris toute la nuit !
J'ai pas de pote qui s'appelle Mathieu. C'est le meilleur ami de Caro.
Oh oh...

Giggles
Il est sorti le livre ?
Mon chat est un #geek comme les autres ? Oui, il est sorti.
Et plus on en vend, plus on gagne d'argent ?
C'est ça.
Eh bah on en a déjà vendu 3 000 ! :)
Génial ! Comment tu sais ça ?
C'est moi qui les ai achetés ! Avec ta carte bleue.

Giggles
Toi et moi c'est fini, Giggles ! Je n'ai aucune importance à tes yeux et puis tu ne penses qu'à manger et à dormir.
C'est ABSOLUMENT FAUX ! Mais si tu le prends comme ça, ok.
C'est tout ce que ça te fait ?!
Giggles ???
Je dormais. C'est qui ?
C'est Garance !!!!!!!!!
J'avais effacé le numéro.

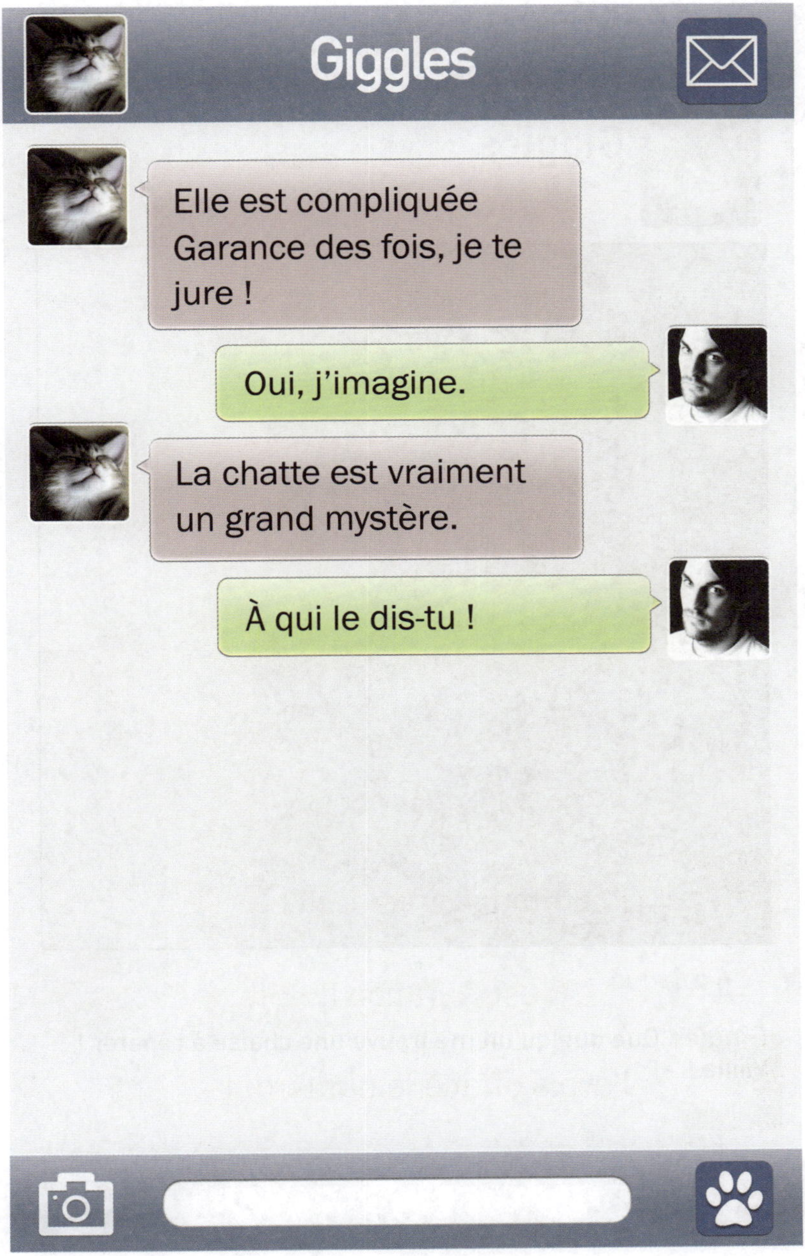
Giggles
Elle est compliquée Garance des fois, je te jure !
Oui, j'imagine.
La chatte est vraiment un grand mystère.
À qui le dis-tu !

Giggles

Giggles

4 miaous

Giggles Que quelqu'un me trouve une chaise à réparer ! Viiiite !

Giggles
Je pars en vacances pendant 2 semaines, sois sage.
Tu me laisses tout seul ?
Awwww je vais te manquer ?
Tu m'as laissé assez de croquettes jusqu'à ce que tu reviennes ?
Oui.
Alors non.

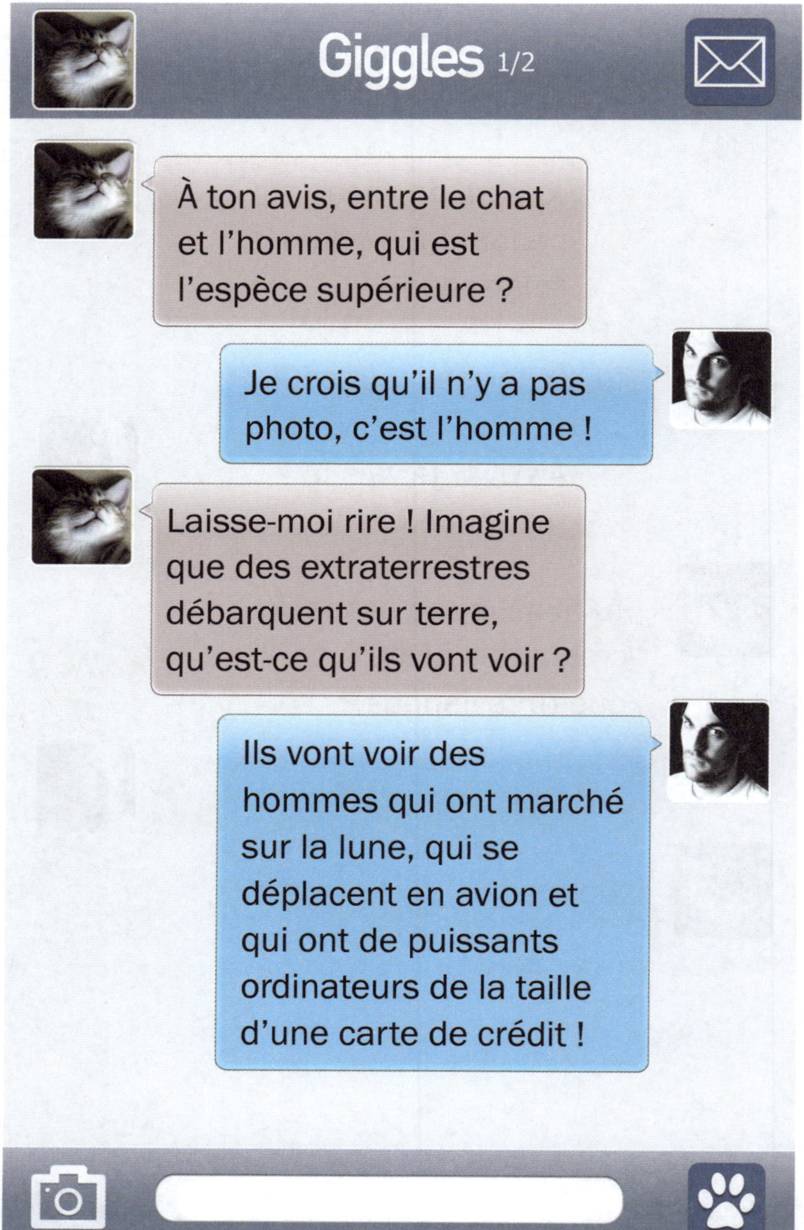
Giggles 1/2
À ton avis, entre le chat et l'homme, qui est l'espèce supérieure ?
Je crois qu'il n'y a pas photo, c'est l'homme !
Laisse-moi rire ! Imagine que des extraterrestres débarquent sur terre, qu'est-ce qu'ils vont voir ?
Ils vont voir des hommes qui ont marché sur la lune, qui se déplacent en avion et qui ont de puissants ordinateurs de la taille d'une carte de crédit !

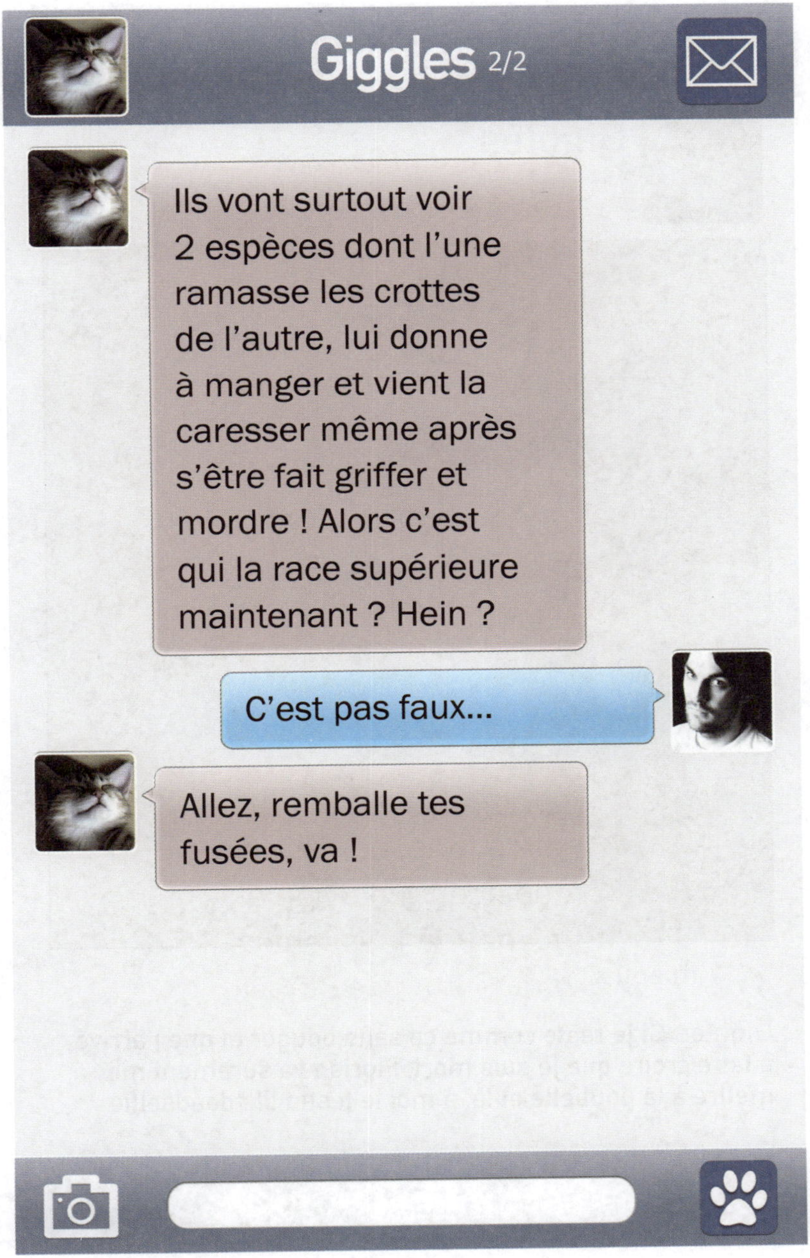
Giggles 2/2
Ils vont surtout voir 2 espèces dont l'une ramasse les crottes de l'autre, lui donne à manger et vient la caresser même après s'être fait griffer et mordre ! Alors c'est qui la race supérieure maintenant ? Hein ?
C'est pas faux...
Allez, remballe tes fusées, va !

Giggles

Giggles

17 miaous

Giggles Si je reste comme ça sans bouger et que j'arrive à faire croire que je suis mort, Florian va sûrement me mettre à la poubelle et là, à moi le festin !!! #deadselfie

Faites comme moi, continuez l'aventure au-delà de ce livre et retrouvez-moi sur Facebook, Twitter et Instagram !

facebook.com/giggleslechat

twitter.com/giggleslechat

instagram.com/giggleslechat

Envoyer Annuler

De : Giggles ; Florian

Obj. : Remerciements

Un grand merci à vous (pour le prochain, on pourra se tutoyer mais pour l'instant restons courtois) qui avez fait l'acquisition de ce magnifique ouvrage, merci à Marie pour son soutien inconditionnel et pour être venue me chercher dans le tréfonds des Internets et merci à toute l'équipe de Jungle pour leur accompagnement pas à pas dans cette aventure. Merci aux deux amours de ma vie, Bianca & Giggles, merci au Dr. Lafolie qui soigne le vrai héros de ce livre, merci aux potes qui ont rigolé à mes vannes et m'ont poussé dans cette voie, merci à SML et à Jérôme Daran d'être mes mentors du rire, merci à toute ma famille qui attend patiemment que je la rende fière, merci à Junior et à Chimio, merci à Bastien et à la vraie Garance, merci à Pierre-Arnaud & Harold et à Jack, merci à Malin et un énorme merci à ma chère voisine qui me sauve la vie et celle de mon chat, lorsque je dois m'absenter plus d'une journée de ce terrain de jeu pour félin capricieux qu'est devenu mon appartement.

Crédits photographiques

p. 3, de haut en bas
Photo de la vieille dame : ramonespelt – Fotolia.com
Photo du restaurant chinois : DR
Photo de Florian : Chloé Jacquet

p. 4 - 5
vignette du chaton : archives personnelles de l'auteur

p. 6, de haut en bas
Avatar de Giggles : archives personnelles de l'auteur
Avatar de Garance : runzelkorn – Fotolia.com
Avatar de Jack : Eric Isselée – Fotolia.com
Avatar de Hoffmann : Natalia Chircova – Fotolia.com
Avatar de Speculoos : Marylène – Fotolia.com

p. 7
Avatar de Caroline : Bianca Bondi
Avatar de Jacques : kantver – Fotolia.com
Avatar de Herman : pio3 – Fotolia.com
Avatar de Louis : funkyfrogstock – Fotolia.com

p. 9
Archives personnelles de l'auteur

p. 19
Photo du carton : archives personnelles de l'auteur

p. 21
Photo de la touffe de poils : archives personnelles de l'auteur

p. 25
Photo du chaton : serkucher – Fotolia.com

p. 29
Photo de la chatte siamoise : runzelkorn – Fotolia.com

p. 32
Photo de Giggles : archives personnelles de l'auteur

p. 36
Photo du distributeur de croquettes : DR

p. 39
Archives personnelles de l'auteur

p. 41
Photo du chat sans poils : Emmanuel Fargeas

p. 44
Photo du bol de croquettes : archives personnelles de Giggles

p. 49
Photo du pot d'herbe à chat : Daria Miroshnikova – Fotolia.com

p. 54
Archives personnelles de l'auteur

p. 59
Photo de Hoffmann : Natalia Chircova – Fotolia.com

p. 64
Photo du timbre du shah d'Iran : Georgios Kollidas – Fotolia.com

p. 73
Affiche de film : propriété de l'auteur

p. 76
Photo du sphinx : oksmit – Fotolia.com
Photo du masque égyptien : simon gurney – Fotolia.com

p. 79
Photo du couple de chats : Eric Isselée – Fotolia.com

p. 81, p. 83
Archives personnelles de l'auteur

p. 89
Photo de la momie : Tatty – Fotolia.com

p. 92, p. 94
Archives personnelles de l'auteur

p. 98
Affiche de film : propriété de l'auteur
Photo de l'aspirateur : gemenacom – Fotolia.com

p. 102
Photo de la souris : Everything – Shutterstock.com

p. 117
Archives personnelles de l'auteur

p. 119
Photo du tigre : julianwphoto – Fotolia.com

p. 125
Photomontage : propriété de l'auteur/Florian Stana – Shutterstock.com

p. 126
Photo du timbre : astudio – Shutterstock.com
Photo du cachet : astudio – Shutterstock.com

p. 127
Photomontage : propriété de l'auteur/Florian Stana – Shutterstock.com

p. 128
Photo du timbre : Bildagentur Zoonar GmbH – Shutterstock.com

p. 131, p. 136, p. 140, p. 141
Archives personnelles de l'auteur